지금 당장 읽고 싶은
철학의 명저

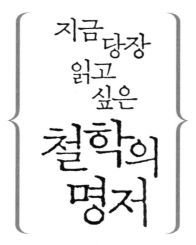

지금 당장
읽고 싶은
철학의
명저

하세가와 히로시 지음 | 조영렬 옮김

교유서가

서문

2년쯤 전이었다.

고분샤 학예도서 편집부의 가와바타 히로시 씨가 우리집에 와서, 철학 고전을 20권가량 고르고, 그 책이 왜 재미있는지 알기 쉽게 설명하는 교양서를 써보지 않겠느냐고 제안했다. 가와바타 씨는 나중에, 분야는 철학으로 좁게 한정하지 않아도 되고 문학이나 음악을 다룬 책을 철학적으로 논해도 괜찮다는 말을 덧붙였다.

그 홀가분한 느낌이 마음에 들어 제안을 수락하기로 했다. 책을 선정하는 것이든 집필하는 것이든 내 페이스를 유지하고 싶으니 재촉하지 말라는 조건을 붙여서.

먼저 해야 할 일은 읽어서 재미있고, 그것에 대해 쓰는 것도 즐거울 법한 책을 20권쯤 고르는 일이었다. 그 일은 어렵지 않았다. 책 리스트를 다시 살펴보니, 당연한 일이지만 내가 지금 읽고 싶은, 이웃들이 잡아도 흥미로워할 법한 책들이었다. 그렇다면 쓰는 순서도 그때그때 해당 책에 대해 쓰고 싶다는 기분이 들면 그에 따라 쓰기로 했다.

처음으로 잡은 것이 데카르트의 『방법서설』이다. 『방법서설』은 오치아이 다로 역, 노다 마타오 역, 오바세 다쿠조 역, 다니가와 다카코 역 등 몇 종의 일본어역이 있다. 어느 번역본이 좋을까. 나 또한 헤겔을 번역하느라 꽤나 고생했던 터라, 번역본을 적당히 고를 수는 없었다. 구할 수 있는 대로 다 구해서 눈앞에 늘어놓고, 몇 번이나 비교하면서 읽은 뒤, 모호한 일본어 표현이 적고 문장에 리듬이 있는 노다 마타오 역을 골랐다.

다른 책도 마찬가지였다. 이 책에서 다룬 15권의 작품 가운데, 『기독교의 본질』 『색채에 관하여』 『눈과 정신』을 제외한 열두 작품은 여러 종의 일본어역이 있다. 도서관에 가서 가능한 한 많은 역서를 들춰보고, 일본어 표현이 알기 쉽고 문장에 격조가 있는 것을 선정기준으로 삼아 텍스트를 선정했다.

번역서에서 인용할 때는 번역문을 그대로 옮기는 것을 원칙으로 삼았지만, 앞뒤를 매끄럽게 연결하기 위해 자구를 다소 조정하거나, 일본어 표현이 너무 부자연스러워 수정하거나 한 곳이 몇 군데 있음을 밝혀둔다.

『방법서설』 다음에 다룬 것은 플라톤의 『향연』인데, 이 또한 순조롭게 쓸 수 있었다. 하지만 그 다음으로 손에 잡은 아리스토텔레스의 『시학』은 읽고 난 인상이 산만해서 무엇을 어떻게 써야 할지 구상이 정리되지 않았다. 중요한 대목을 몇 번이고 다시 읽어보았지만, 이것을 중심에 두면 쓸 수 있겠다 싶은 핵심이 보이지 않았다. 집필을 풀어나갈 실마리를 발견하지 못한 채 결국 단념할 수밖에 없었다.

다음으로 손에 잡은 키에르케고르의 『공포와 전율』은 젊은 시절 가슴을 두근대며 읽었던 책인데, 이번에 읽으면서는 내용에 흥미를 느끼지 못했다. 그럼에도 어찌어찌 끝까지 읽기는 했지만, 막상 쓰려 하니 쓸 마음이 나지 않았다. 마음에도 없는 글을 쓸 수는 없어서, 얼른 단념하는 수밖에 없었다.

좌절은 두 번에서 끝났다. '헤겔 독회'(독일어 원문을 텍스트로 삼아 읽는 모임) 여름 합숙에서 토론용 책으로 『논어』를 읽어달라는 과제를 받았는데, 그것이 가라앉은 마음을 구원해주었다. 익숙지 않은 한문을 소리 내어 읽고 하면서 기분을 다잡으며 어찌어찌 한 편을 다 쓰고 나니, 쓰던 기세를 되찾아서 그런지 그 다음에 쓴 루소의 『사회계약론』 이후로는 구상이 정리되지 않거나 쓸 마음이 생기지 않거나 하는 일은 없었다. 『논어』와 마찬가지로 리스트에 없던 작품으로는 우리 연구회 연극제에서 상연한 셰익스피어의 『리어 왕』인데, 연출을 맡은 나는 오다시마 유시가 번역한 『리어 왕』을 몇 번이고 다시 읽었는데, 그 과정에서 『리어 왕』에 대한 내 이해가 확실히 깊어졌다고 생각한다.

열세번째 작품으로 『리어 왕』을 다룰 때, 편집을 맡은 가와바타 씨가 다른 부서로 갔고, 대신에 나카마치 도시노부 씨가 편집을 담당했다. 진행되던 일을 대신 맡아서 어려움이 있었을 터인데다, 출간이 두세 차례 연기되고 그때마다 미안해하는 나카마치 씨가 무척 안쓰러웠다.

겨우 출간일정이 정해진 참에, 이번에는 나카마치 씨가 다른 부서로 가게 되어, 세번째 편집담당자 다카하시 야스노리 씨가 최종 마무리를 하게 되었다.

고생했을 세 사람에게 저자로서 심심한 사의를 표하지 않을 수 없다.

세상에 나오는 데 시간이 걸린 만큼, 이 책에 대한 내 애착도 늘어난 느낌이 든다.

편집자 세 사람의 노고가 보답 받을 수 있게, 많은 독자에게 이 책이 읽히기를 바란다.

2004년 5월 31일
하세가와 히로시

일러두기

1. 본서는 다음의 책을 한국어로 번역한 것이다. 長谷川宏, いまこそ読みたい哲学の名著, 東京: 光文社, 2007.
2. 각주는 모두 역자가 작성한 것이다.
3. 저자가 명저 15권을 다루며 기본 텍스트로 삼은 일본어 번역본은 각각 아래와 같다.

　　행복론, 구시다 마고이치·나카무라 유지로 역 (하쿠스이샤)
　　리어 왕, 오다시마 유시 역 (하쿠스이샤)
　　방법서설, 노다 마타오 역, 세계문학대계13 (지쿠마쇼보)
　　향연, 스즈키 데루오 역, 세계의 명저6 (주오코론샤)
　　논어, 가이즈카 시게키 역, 세계의 명저3 (주오코론샤)
　　프로테스탄티즘의 윤리와 자본주의 정신, 아베 고조 역, 세계의 대사상29 (가와데쇼
　　보신샤)
　　사회계약론, 구와바라 다케오·마에카와 데이지로 역 (이와나미분코)
　　자유론, 야마오카 요이치 역 (고분샤 고텐신야쿠분코)
　　죽음의 집의 기록, 구도 세이이치로 역 (신초분코)
　　고백, 야마다 아키라 역, 세계의 명저14 (주오코론샤)
　　팡세, 마에다 요이치·유키 고 역, 세계의 명저24 (주오코론샤)
　　기독교의 본질, 후나야마 신이치 역 (후쿠무라슛판)
　　악의 꽃, 아베 요시오 역, 보들레르전집1 (지쿠마쇼보)
　　색채에 관하여, 나카무라 노보루·세지마 사다노리 역 (신쇼칸)
　　눈과 정신, 다키우라 시즈오·기다 겐 역 (미스즈쇼보)

4. 각각의 인용문 출처에서 쪽수로 명기되지 않은 것은 해당 단장斷章이나 메모의 일련 번호를 나타낸다.

I

人間
인간

행복론

리어 왕

방법서설

건전한 정신
알랭 『행복론』

이십대 어간에 알랭을 자주 읽었다.

보기 드물게 아름다운 산문이라는 평을 듣는 알랭의 프랑스어를 세세한 뉘앙스까지 음미할 수 있었던 것은 아니지만, 알랭을 읽으면 이상하게 마음이 차분해졌다. 읽을 때마다 '그렇군, 그런 식으로 생각할 수 있겠구나' 하고 납득되는 곳이 반드시 몇 대목은 있었고, 읽은 뒤에 그것을 실마리 삼아 내 나름으로 이것저것 생각을 넓혀가는 게 즐거웠다.

알랭은 자유로운 사고를 무엇보다 존중한 사람이라, 이야기의 대상도 철학·도덕·예술·문학·역사·정치·속사俗事·신변잡사 등 참으로 여러 갈래에 걸쳐 있었다. 그리고 아주 자그마한 사항이라도 일단 다루게 되면 정성스럽고 세심하게 대하는 사람이 알랭이었다. 그렇지만 화제가 얼마나 여러 갈래에 걸쳐 있든, 얼마나 이야기가 세부에 미치든, 그 배후에 있는 화자 알랭의 모습을 또렷하게 알아챌 수 있었다. 그래서 마음이 차분해졌을 것이다.

알랭은 십수 년간 하루도 빠짐없이 '프로포'(propos, 하고 싶은 말)라는 제목의 짧은 글을 신문에 썼다. 훗날 테마별로 묶어, 『아름다움에 관한 프로포』『기독교에 관한 프로포』『교육에 관한 프로포』『문학 프로포』『정치 프로포』『경제 프로포』같은 제목으로 간행했다. 여기서 다룰 『행복론』도 원제는 『행복에 대해 하고 싶은 말』이다. 행복에 관한 '논論'이라기보다 행복에 대해 알랭이 '하고 싶은 말'(프로포) 93편을 모은 책이다. 어느 글이든 읽는 이를 고요한 사색과 반성으로 이끈다.

1

사람은 누구나 행복해질 수 있다. 허나, 행복해지기란 쉽지 않다.

알랭은 그렇게 생각했다.

행복해지기 어려운 이유는 인간이 제 정념情念에 끌려다니기 쉬운 존재이기 때문이다. 자칫 방심하면 마음에 정념의 파도가 일고, 거기에 휩쓸려 불행한 처지로 내몰린다. 다음과 같은 마음의 움직임이 좋은 예다.

불면에 시달리는 사람은 조금도 잠을 이루지 못한다고 우겨댄다.

아주 자그마한 소리에 잠이 깼다고 불평을 늘어놓는데, 가만 보면 그 사람은 사물이 내는 모든 소리를 엿들으면서 온 집안사람을 몰아세우려 작정한 이 같다. 심지어 나중에는 자기가 잠들었다는 것에도 신경질을 부린다. 제 자신의 성격에 대한 감시가 소홀했었다고 말하고 싶은 걸까. 사람은 무슨 일에든 빠져들 수 있는 법이다. 나는 심지어 '트럼프 게임에서 지는 것'에 홀랑 빠진 사람을 본 적이 있다. (72쪽)

이런 불행한 상태에서 벗어나려면 어떻게 해야 할까. 물론 모두에게 통하는 만병통치약 따위는 없다. '불면이나 지는 게임'에 홀랑 빠진 사람의 딱딱하게 굳은 마음을 푸는 데 힌트라도 될까 싶어 알랭이 제시한 것은 다음과 같은 사례다.

무대에 오를 때 죽고 싶을 만큼 두려워하던 피아니스트도 일단 연주를 시작하고 나면 금세 아무렇지도 않게 된다. 그걸 뭐라 설명해야 할까. ……나는 ……부드럽고 탄력 있게 움직이는 예술가의 손가락이 마음에 꽉 박힌 공포를 흔든 뒤 몰아내기 때문이라고 이해하고 싶다. 우리 몸이라는 기계는 각 기관이 서로 영향을 끼치는 관계로 형성되어 있어서, 가슴이 편하지 않으면 손가락도 편할 수가 없다. 부드럽고 탄력 있는 움직임은 딱딱하게 굳은 마음도 그렇듯이 모든 곳에 스며든다. 잘 통제된 몸 어디에도 두려움이 발 디딜 곳은 없다. ……걱정거리가 있을 때는 이러쿵저러쿵 이치를 따지지 않는 게 좋다. 이치를 따지다보면 저 자신을 공격하게 되기 때문이다. 차라리 요즈음 어느 학교에서나 가르치고 있는 팔굽혀펴기나 스트레칭을 하는 게 낫다. 당신은 그 결과에 놀랄 것이다. 이리하여 철학 선생은 당신을 체조 선생에게 데려간다. (59~60쪽)

알랭이 하고 싶은 말은 명쾌하다. 쓸데없이 머리 싸매고 끙끙대지 말고 몸을 움직여! 알랭은 그렇게 말한다.

하지만 두려운 생각이 들거나 걱정스런 일이 있을 때, 알랭의 단순명쾌한 충고를 실행하기란 쉽지 않다. 알랭은 그 사실을 잘 알고 있다. 어렵다는 걸 알기 때문에 똑같은 충고를 시점을 바꾸고 말을 바꾸어 계속 되풀이했다고 말할 수도 있겠다. 알랭은 마치 그 어려움을 아는 것이 행복으로 가는 길이라고 말하는 듯하다.

어쩌면 생활이 괴로우면 괴로울수록 고통을 잘 견디고 즐거움을 잘 누릴 수 있는 법인지도 모른다. 왜냐하면 이제부터 생길지도 모를 불행까지 미리 헤아릴 틈이 없기 때문이다. 당장 처리해야 할 일만으로도 바빠서 앞일을 생각할 겨를이 없는 것이다. 로빈슨 크루소는 제 집을 짓고 나서야 조국을 그리워하기 시작했다. ……무척 어려워서 집중을 요하는 일에 자신의 모든 주의를 기울이는 사람, 그런 사람은 완벽하게 행복하다. 제 과거나 미래를 생각하는 사람은 완전히 행복해질 수 없다. ……

요컨대 제 자신에 대해 조금도 생각하지 않는 것이다. (183쪽)

행복해지는 비결의 하나는 제 언짢음에 대해 관심을 두지 않는 것이라고 나는 생각한다. 상대해주지 않으면 언짢음 따위는 개가 개집에 돌아가는 것처럼 동물적인 생명 속에 가라앉아버리기 마련이다. 이것이야말로 참된 도덕의 가장 중요한 대목 가운데 하나일 것이다. 제 과실, 제 회한이나 반성에서 오는 온갖 비참함에서 몸을 빼는 것이다. (203~204쪽)

알랭이 '쓸데없이 머리 싸매고 끙끙대지 말고 몸을 움직여!'라는 말을 가볍게 한 것은 아님을 알 수 있겠다. 마음이 어둡고 가라앉아 있을 때, 즉 자신도 모르게 쓸데없이 머리를 싸매게 되는 순간에 특히 '쓸데없이 머리 싸매고 끙끙대지 말라'는 말이다. 언짢음이라는 벌레를 퇴치하려면, 그에 걸맞은 굳센 의지가 필요한 것이다.

그건 그렇다 하더라도 알랭은 정념의 포로가 되거나 감정에 빠지는 걸 어지간히 싫어했구나 싶은 생각이 든다. 앞서 인용한 글은 언짢음이나 회한에 대한 혐오를 보여주지만, 알랭은 무슨 일이 있어도 두려움에 떨거나 조바심을 내거나 격분하거나 겁을 먹지 않으려 했다. 반면 애써 체득할 만한 것으로 미소와 마음의 즐거움을 들었다. "어떤 인연으로 도덕론을 써야 할 처지가 된다면, 나는 지켜야 할 의무 첫번째 자리에 마음의 즐거움을 둘 것이다"(222쪽)라고 말한 이가 알랭이다.

알랭은 감정에 흠딱 빠지는 것을 싫어했다. 슬퍼할 수밖에 없는 장례식장에서도 사람들이 슬픔에 빠지는 것을 반기지 않았다. 슬픔에 깊이 빠져든 조사弔辭, 슬픔을 부채질하는 미사곡 〈진노의 날〉에 대해서 매우 부정적인 말을 던졌다. 그리고 옛 현자의 입을 빌려 이렇게 말했다.

진정한 괴로움이 제 몸에 닥치든 말든, 내 의무는 이것뿐이다. 사내답게 행동하고, 생명을 단단히 움켜쥔다. 적과 맞서는 전사처럼 불행에 맞서 제 의지와 생명을 하나로 묶는다. 그리고 죽은 이에 대해서는 될 수 있는 한 우정과 기쁨을 담아 말한다. 이상. 그런데 저들이 하는 꼴을 보면, 절망의 눈물을 흘리며 슬픔에 잠겨 있으니. 만약 돌아간 이가 그것을 본다면, 그이는 얼굴을 붉혔으리라. (223쪽)

장례식장에서도 불행과 슬픔에 지지 않으려 했다. 알랭이 말하는 행복에 대한 의지는 그렇게 강력한 것이었다.

2

행복이라는 말을 들으면, 나는 『안나 카레니나』 첫머리에 나오는 명언이 떠오른다.

　　행복한 가정은 모두 엇비슷하지만, 불행한 가정은 제 나름으로 불행하다.

　이 말이 명언이 된 이유는, 가정이라는 공간이 행복이나 불행이라는 관념과 붙어다니기 십상이라는 사실을 예리하게 파악했기 때문이다. 우리는 행복한 가정이라 하면 으레 따뜻하고 포근한 곳을, 불행한 가정이라 하면 으레 바람이 숭숭 파고드는 싸늘한 가정을 쉽사리 떠올릴 수 있다.

　하지만 알랭의 이 책은 가정의 행복과 불행을 문제삼지 않는다. 사회의 행복과 불행도, 국가의 행복과 불행도 문제삼지 않는다. 문제삼는 것은 오로지 개인의 행복이고 개인의 불행이다. 내가 한 인간으로서 불행을 멀리하고 행복해지는 것, 알랭의 사고는 거기에 초점을 두고 있다. 앞에서 우리는 정념·사고·행동·체조가 행복과 깊은 연관이 있음을 보았는데, 정념이든 사고든 행동이든 체조든 무엇보다 먼저 개인을 단위로 삼아 개인에 뿌리내린 정념이고 사고·행동·체조였던 것이다.

　　인간은 제 자신 말고는 거의 적이 없다. 인간은 제가 잘못 내린 판단·기우杞憂·절망이나 저를 향한 비관적인 말과 행동 따위를 통해 언제나 제 자신의 가장 큰 적이 되는 것이다. 한 인간에게 그저

'당신 운명은 당신에게 달려 있다'고 말하는 것만 해도 충분히 10프랑의 가치가 있는 충고다. (206쪽)

각자가 제 운명의 주인이 되어야 한다고 생각하는 점에서 알랭은 틀림없이 개인주의자다. 더구나 알랭의 개인주의는 누구나 제 운명의 주인이 될 수 있다는 확신이 뒷받침되어, 엄격하면서도 풍요로운 개인주의가 될 수 있다. 개개인은 각기 스스로 행복을 만들어내는 수밖에 없다고 딱 잘라 말하는 동시에, 누구나 행복해질 수 있다고 굳게 믿고 있기 때문이다. 거꾸로 말하면, 누구나 제 힘으로 만들어낼 수 있는 그런 행복의 방식을 알랭은 이 책에서 추구하려 했다.

내가 행복해지는 것은 가능하다. 허나 남을 행복하게 할 수는 없다. 관점을 바꾸면, 그것이 곧 알랭이 생각하는 행복인 것이다.

행복은 언제나 우리에게서 도망쳐간다고들 말한다. 남에게서 받은 행복을 두고 하는 말이라면, 그 말은 옳다. 남에게 받은 행복 따위는 무릇 존재하지 않기 때문이다. 그러나 스스로 만든 행복은 결코 우리를 속이지 않는다. (151쪽)

우리는 이 말에 '제 힘으로 사는 법을 추구하는 개인주의자의 흔들림 없는 확신'이 담겨 있다고 봐도 좋을 것이다.

하지만 각자가 제 행복과 불행에만 관심을 갖고 제 행복만을 추구하려 한다면, 사람과 사람의 사귐은 어떻게 될 것인가. 남의 행복과 불행은 나에게 어떠한 의미가 있는 것일까. 또 남의 행복과 불행에 어떻게 대처해야 하는 걸까.

상대의 심정에 강하게 공명하는 것은 좋지 않다고 알랭은 말한다. '남은 남, 나는 나'라고 거리를 두는 방식이 이치에 맞는 기본자세라고 말한다. 서로 일정한 거리를 두는 관계여야 정신건강이 유지된다. 상대가 슬퍼 보이거나 불행해 보일 때, 우리는 정에 얽매여 저도 모르게 위로하고 동정하는 말을 건네기 십상이지만, 그것은 슬픔과 불행을 증폭시킬 뿐이다. 알랭은 그렇게 생각했다.

불행한 사람을 앞에 두고서도, 아니 앞에 두었을 때 특히 미소와 마음의 즐거움을 간직하는 것이 중요하다는 말이다. '바싹 마르고 폐병환자로 알려진 남자'를 어떻게 대해야 할까 자문한 뒤, 알랭은 이렇게 대답한다.

슬퍼하고 있으면 안 된다. 기대를 걸어야 한다. 사람이 할 수 있는 것은 스스로 희망을 지니는 일이다. 자연의 순리에 기대를 걸고, 미래를 밝게 생각하고, 그리고 생명이 승리할 수 있다고 믿어야 할 것이다. 이것은 흔히 생각하는 것보다 훨씬 쉽다. 자연스러운 일이기 때문이다. 살려고 하여 살 수 있는 것은 생명이 이기기 때문이라고 믿는다. ……그에게 주어야 할 것은 이러한 생명의 힘이다. 실제로 그를 너무 지나치게 동정하지 말아야 한다. 냉혹하고 무관심해야 된다는 말이 아니다. 그게 아니라 쾌활한 우정을 보여주어야 한다는 말이다. ……만약 병자가 자신이 사람들 사이에 있더라도 건강한 사람의 즐거움을 없애버리지 않는다는 사실을 안다면, 그는 금세 다시 일어나 기운을 차릴 것이다. 신뢰야말로 훌륭한 묘약이다. (180~181쪽)

불행한 이의 불행에 동정하는 것이 정념의 자연스런 움직임이라는 말이다. 하지만 정념은 본래 정신이 건강하지 않을 때 생겨나는 법이니, 그 움직임이 아무리 자연스럽더라도 정념의 움직임을 따르는 것은 어리석은 짓이다. 자연스럽고도 훨씬 본질적인 움직임, 생명의 움직임을 따라야 한다. 생명의 움직임을 따르면 사람은 저절로 희망·밝음·쾌활함·신뢰로 인도된다. 알랭은 그렇게 생각한 것이다. 알랭이 하려는 말은 '행복한 상태에서 남을 대하라, 그이가 불행하다고 해서 제 행복을 잃지 말라'는 것이다. 내가 행복해지는 것, 그것은 나에게 중요할 뿐만 아니라 남에게도 중요하다.

행복해지는 것이 다른 이에게 지켜야 할 의무이기도 하다는 점을 나는 말하고 싶다. 행복한 사람만이 사랑받는다는 말은 지극히 당연한 말이다. 그러나 행복한 사람이 그런 보상을 받는 것이 정당하고 당연하다는 사실을 우리는 까맣게 잊고 산다. 우리 모두가 숨쉬는 공기 속에 불행과 권태와 절망이 감돌고 있기 때문이다. 그러므로 우리는 탁한 공기를 견디며 활기찬 모습을 보임으로써 공동생활을 정화하는 사람들에게 감사하고 그들에게 월계관을 씌워줄 의무가 있다. 사랑이 심오한 것은 행복해지겠다는 맹세가 그 안에 깃들어 있기 때문이다. 제가 사랑하는 사람들이 겪는 권태와 슬픔과 불행만큼 이겨내기 어려운 것이 또 있을까. 남자든 여자든 모두가 끊임없이 이렇게 생각할 것이다. '행복이란 가장 아름답고 그리고 가장 관대한 선물이다.' 물론 여기서의 행복은 제 자신을 위해 얻은 행복을 가리킨다. (278쪽)

행복한 사람들이 행복한 상태에서 서로 사랑한다. 그것은 인간사회의 유토피아일 것이다. 유토피아가 실현되리라 믿고 현실에 맞서 조용히 걸음을 내딛는 것, 그것이 바로 알랭이 말하는 '행복에 대한 의지'였다.

3

『행복론』은 93편의 프로포(하고 싶은 말)로 이루어져 있고, 알랭이 그 바탕이 된 수천 편의 프로포를 하루도 빠짐없이 한 편씩 계속 썼다는 사실은 앞에서 이미 말했다.

나는 알랭의 프로포 한 편 한 편에서 안정된 사고의 리듬을 느낀다. 그것은 오랫동안 하루 한 편을 쓴다는 원칙을 지킨 것과 무관하지 않을 것이다. 프로포를 읽는 데 익숙해지면, 거기에서 너무 빠르지도 않고 너무 느리지도 않게, 매우 자연스런 속도로 한 걸음 한 걸음 앞으로 나아가는 걸음걸이와도 같은 사고의 리듬이 느껴진다. 알랭은, 어느 무렵부터인지는 모르겠지만, 잠깐 산책하러 나가는 기분으로 원고지를 대하며 한가로이 거닐 듯이 글을 쓰지 않았을까. 나는 그런 생각이 든다.『행복론』을 읽으면 명징한 사고가 막힘없이 앞으로 전진하는 것처럼 보인다.

『행복론』은 행복한 저자가 쓴 행복한 책이고, 정념에 휘둘리지 않는 건강한 정신이 낳은 건강한 산물인 것이다. 하루 한 편의 프로포를 쓴다는 행동원칙은 글쟁이 알랭이 행복을 얻는 방법이고, 정신을 건강하게 하는 방법이었다고 할 수 있을지도 모르겠다. 책에서 행복한 기운이 느껴지기 때문에, 독자는 다음과 같은 문장을 '과연 그렇지' 하면서 그대로 받아들일 수 있다.

사람은 행복을 찾기 시작하자마자 행복을 찾아낼 수 없는 운명에 떨어져버린다. 그리고 그것은 이상한 일이 아니다. 행복은 진열장에 늘어선 물건을 고르듯 돈을 내고 가져갈 수 있는 것이 아니다. 물건을 자세히 살핀 뒤 사두면, 진열장에서 파랬던 것은 집에서도 파랗고, 빨갰던 것은 집에서도 빨갈 것이다. 하지만 행복은 당신이 손에 쥐고 있을 때가 아니라면 행복이 아니다. 만약 당신 바깥이나 세상에서 행복을 찾으려 한다면, 그 어떤 것도 결코 행복의 모습을 취하지 않을 것이다. 요컨대 행복에 관해서는 추론도 예견도 불가능하다. 지금 현재 가지고 있어야 한다. 행복이 미래에 있는 것처럼 여겨질 때는 잘 생각해보라. 그것은 당신이 이미 행복하다는 표시다. 기대를 건다는 것, 그것이 바로 행복이다. (262쪽)

바로 지금 행복하고, 그리고 언제까지고 쭉 행복을 누리려는 의지가 넘치는 책, 그것이 알랭의 『행복론』이라고 말할 수 있을 것이다.

어리석음의 매력
셰익스피어『리어 왕』

　육체를 가진 살아 있는 배우가 우리들 눈앞에서 몸을 움직이고 말을 한다. 연극이 소설이나 시와 결정적으로 다른 점이다. 등장인물들은 무엇보다 육체를 가진 인간으로 무대에 섰을 때의 그 사상·감정·행동·성격이 매력적이어야 한다.

　서양연극사에서 매력적인 등장인물을 잇달아 무대에 올리는 일을 셰익스피어보다 잘해낸 극작가는 아마 없을 것이다. 비극이든 희극이든 인간미 넘치는 많은 인물들이 등장하여 보는 이의 가슴에 잊을 수 없는 인상을 남긴다. 주연이든 조연이든 단역이든 상관없이, 남자든 여자든, 노인이든 장년이든 청년이든, 왕후귀족이든 서민이든 가릴 것 없이, 등장인물이 살아 있다는 느낌이 들게 하는 것이 셰익스피어 극의 세계다. 사회에서 살며 사회를 구성하는 모든 인간에게 대체할 수 없는 개성과 가치가 있다고 생각하는 것이 근대 유럽의 기본적 인간관이라 본다면, 셰익스피어의 극은 근대 여명기에 근대적 인간관의 풍부함을 실물로 입증한 것이라 할 수 있다. 연기하는 이의 처지에서 말한다면, 어느 역이든 인간적인 맛을 찾아내서 연기할 수 있다고 말해야 할까.

1

『리어 왕』은 하나의 물결이 또다른 물결을 일으키고, 끔찍한 고통이 더 큰 고통으로 이어지는 인간세의 숨 막힐 듯한 전변轉變이 펼쳐지는 비극이다. 줄거리가 전개되는 면만 보더라도, 이만큼 빈틈없이 꽉 찬 내용을 담은 작품도 그리 흔치 않다.

이야기의 중심을 이루는 것은 브리튼 왕국을 지배하는 늙은 왕 리어다.

리어는 왕국을 셋으로 나누어 세 명의 딸에게 주려 했다. 아비를 사랑하는 마음이 가장 깊은 사람에게 가장 좋은 땅을 주겠다고 딸들에게 말했다. 첫째 딸 고네릴과 둘째 딸 리건은 리어의 바람대로 '누구보다도 아버지를 사랑한다'고 입에 발린 말을 늘어놓았지만, 성실하고 순박한 셋째 딸 코델리어는 우물거렸다. 가장 사랑하는 막내딸 코델리어가 뜨거운 사랑의 말을 해주리라 기대하고 있던 리어는 기대가 어긋나자 발작적으로 분노하며, 셋째 딸에게 주려 했던 땅을 첫째와 둘째에게 나누어준 뒤, '너 같은 딸은 태어나지 않았으면 좋았다'고 극언을 했다. 게다가 코델리어를 변호하며 화가 나 분별력을 잃은 왕을 나무란 충신 켄트를 국외로 추방하라고 명령했다.

제멋대로인데다 난폭하고 조급하며 사려가 부족하고 성질이 났다 하면 무슨 짓을 저지를지 알 수 없는 늙은 권력자, 그것이 극 첫머리에 묘사된 리어다. 간악한 두 언니가 아니더라도,

> **리건** 노망이 난 거야. 원래부터 당신 자신에 관해서는 전혀 모르는 양반이긴 했지만.
>
> **고네릴** 한창 건강하고 정신이 온전했을 때도 분별이 없었는데, 앞으로 어떻게 될 거 같니? 오랫동안 몸에 밴 성깔에다 망령 나서 짜증 부릴 나이신데, 무슨 똥고집에 당할지 알 게 뭐니.
>
> (28쪽)

라고 말하고 싶어지는 인물이다.

입에 발린 소리로 알랑거리는 자들에게 둘러싸인 권력자가 주변의 상황을 냉정하게 꿰뚫어보지 못하고 남의 마음을 읽지 못한 채 함부로 행동하는 것은 흔히 있는 일이다. 하지만 리어의 분별없음·짜증·옹고집은 보통사람의 범위를 넘어서며, 비현실적인 감마저 든다. 그러나 육체를 가진 살아 있는 배우가 무대에서 리어를 연기하는 것을 보면, 그 존재가 현실감을 띠며 다가온다. 상궤를 벗어난 무분별과 옹고집이야말로 늙은

왕 리어의 정념이 얼마나 대단한지를 드러낸다는 생각이 드는 것이다. 그리고 리어의 분별없음과 옹고집에 비위를 맞출 수밖에 없는 주변 인물들에 대해서도, 리어의 유별난 정념에 휘말린 채 저마다의 커다란 정념을 품고 리어와 대결하는 모습을 기대하게 된다. 리어의 극단적인 무분별과 옹고집은 리어라는 인물의 크기를 보일 뿐만 아니라 이후에 전개될 비극의 크기와 깊이를 암시하기도 한다.

어리석지만 정열적인 아버지(리어), 간악한 두 언니(고네릴, 리건)와 청순가련한 막내딸(코델리어)로 짜인 아버지-딸 구도는 글로스터 집안에서 구성요소가 조금 바뀌어 아버지-아들 구도로 나타난다. 남이 하는 말을 무엇이든 곧이곧대로 받아들이는 단순하고 선량한 아버지(글로스터), 아버지만큼 단순하게 사람을 믿고 정의를 믿는 적장자(에드가), 제 출세를 위해서라면 아버지든 형이든 아무렇지 않게 짓밟는 사생아(에드먼드)로 짜인 구도다. 글로스터는 어리석기는 하지만 아들을 사랑하고 주군을 생각하는 마음만은 누구보다 크고 완고했다. 글로스터의 그런 기질은 글로스터 집안의 갈등을 '강직하고 굳세며 애정이 넘치는 어떤 것'으로 만들고, 아울러 비극의 무대를 중층적인 것으로 만든다.

어리석은 리어 왕과 글로스터 백작은 이루 말할 수 없는 고통을 겪는다. 그들을 궁지로 몰아넣는 이들(고네릴, 리건, 에드먼드, 리건의 남편 콘월, 고네릴의 집사 오스월드)은 필요한 모든 것(지혜·권력·책략·정보망·협력체제)을 물샐틈없이 갖추고 있었으므로, 상대를 원하는 대로 몰아붙일 수 있었다. 왕국의 땅을 절반씩 나누어준 두 딸 집에서 유유자적한 노후를 보낼 줄 알았던 리어 왕은 두 딸 집에서 쫓겨나 폭풍우 치는 거친 들판을 헤매는 신세가 되었고, 리어 왕을 구하려 계책을 짜던 글로스터 백작도 아들 에드먼드가 쳐놓은 덫에 걸려 배신자로 낙인찍히고 두 눈이 뽑혀 장님이 되고 만다. 리어와 글로스터는 어리석음으로 인해 권력투쟁에서 완패하여 집 잃은 개처럼 정처 없이 떠돈다.

하지만 늙은 리어와 글로스터가 빛을 발하는 존재로, 참으로 비극적인 인물로 우리 앞에 모습을 드러내는 것은 그들이 패배하고 나서다. 일찍이 권력자여서 제멋대로 할 수 있었던 때는 이미 지나갔는데도 싸움에 져서 세력이 꺾이기는 둘 다 마찬가지인 리어와 글로스터는 완고하게 제 기질을 끝까지 밀어붙인다. 분별없는 삶의 방식을 끝내 고수하고, 넘치는 정념을 조금도 잃지 않으려 했다. 어리석음에 목숨을 바치면서 리어는 광기를 향해, 글로스터는 자결을 향해 거침없이 곧장 나아간다. 시정詩情 넘치는 대사와 과감한 행동이 그 굳세고 당당한 모습을 표현한다. 예를 들면,

> **리어**　뱃속에서부터 으르렁대라! 불아, 달려라! 비야, 내려라!
> 비도, 바람도, 우레도, 번개도 내 딸은 아니다,
> 잔인한 자네들을 불효하다 책망하지는 않으리.
> 나는 자네들에게 왕국을 준 적이 없다, 내 자식이라
> 부른 적이 없다. 내게 지켜야 할 의무는 없다. 그러니
> 마음껏 나를 괴롭혀라. 보다시피 나는

자네들의 노예다, 불쌍하고, 가냘픈, 무력한,

업신여김을 당한 늙은이다. 하지만 자네들은 비열한

앞잡이야, 괘씸한 두 딸과 편을 먹고

이토록 늙고 허연 머리에, 하늘 군대를

파견하다니. 아아, 아아, 너무 심하지 않은가! (115쪽)

폭풍우 치는 거친 들판에서 리어가 읊는 대사다.

리어의 눈에 '거센 폭풍우'와 '두 딸의 잔혹한 처사'가 오버랩되고 있다. 혼란스런 대사가 광기를 향해 걸음을 내딛는 리어의 심정을 드러낸다.

하지만 제정신과 광기의 경계선에 있는 리어는 사나운 자연의 위협에도 간악한 두 딸의 패륜에도 굴하지 않았다. 권력을 빼앗긴 늙은이가 견뎌내기에는 힘든 '사나운 자연의 위협과 간악한 인간의 패륜'이 어깨를 짓눌렀지만, 리어는 그 두 가지 적을 맞아 사내답게 맞선다. 폭풍우가 몰아치는 가운데 저렇듯 격렬한 대사를 토해내는 것만 보아도 그의 정신이 얼마나 강한지 알 수 있다. '보다시피 나는 자네들의 노예다, 불쌍하고, 가냘픈, 무력한, 업신여김을 당한 늙은이'라는 대사도 그저 무기력한 소리로만 볼 수 없다. 궁지에 몰린 제 자신을 저렇게 객관적으로 볼 수 있는 것은 짓누르는 압박에 맞서 싸울 불굴의 의지가 리어에게 있기 때문이다. 광기를 향해 걸음을 내딛는 것도 단순히 인격이 자연스레 붕괴됨을 의미하는 것이 아니라, 무거운 압박을 견디며 끝까지 자기를 지키려는 의식에서 나온 '어떤 임계점에서의 선택'이라는 측면이 있다. 리어가 어떤 임계점에서 광기로 난 길을 선택했다고 볼 수 있는 것은 '미쳐가는 리어' 또한 우리가 알던 그 리어이기 때문이다.

미쳐가는 와중에 증오의 힘으로 삶을 버티는 게 아닐까 싶을 만큼 고네릴과 리건에 대한 리어의 분노는 갈수록 커진다. 더구나 리어의 가슴에는 막내딸 코델리어에 대한 자신의 경솔한 처사를 후회하고 깊이 자책하는 마음이 웅어리져 있었다. 그 마음의 움직임에서 우리는 리어가 얼마나 큰 사람이며 인정 넘치는 사람인지를 느낄 수 있다. 그 마음의 움직임은 우선 충신 켄트의 입을 빌려 객관적으로 드러난다.

> **켄트** ……〔왕은〕 한사코 따님〔코델리어〕을 만나려 하시지 않는군.
> **신사** 왜죠?
> **켄트** 크나큰 수치심으로 마음이 억눌려 있겠지.
> 당신께서 무자비하게도 아버지로서 주어야 할 축복을 내리지
> 않고,
> 낯선 이국땅으로 추방하고, 그녀의 소중한 권리를
> 개만도 못한 언니들에게 주어버렸던, 그 회한이
> 독이빨처럼 심장을 물어뜯고, 그 부끄러움이
> 불처럼 타올라 차마 코델리어를 만날 마음이
> 들지 않는 게지. (167~168쪽)

시간이 흘러, 심신이 극도로 지쳐 기진맥진한 리어는 코델리어를 다

시 만난다. 미쳐가는 리어는 눈앞에 있는 여성이 코델리어인지 아닌지 조차 분간하지 못했다.

> **리어** 제발 날 조롱하지 마시오.
>
> 난 어리석은, 어리석은, 늙은이일 뿐이오.
>
> ……
>
> 아무래도 제정신이 아닌 것 같소.
>
> ……
>
> 도대체 여기가 어딘지,
>
> 그것조차 모르겠소.
>
> ……
>
> 비웃지 마시오, 나는,
>
> 아무리 생각해보아도, 이 부인이 내 딸
>
> 코델리어 같거든.
>
> **코델리어** 그래요, 맞아요, 저예요.
>
> **리어** 뺨을 적시고 있는 것은 눈물이냐? 그래, 눈물이구나. 부탁이다,
>
> 울지 마라. 독을 마시라고 하면 마시마. 나를
>
> 원망하고 있을 테지. 네 언니들은, 어찌 잊을까,
>
> 내게 몹쓸 짓을 했었다, 그럴 만한 이유가
>
> 너한테는 있었다만 그년들한테는 없었는데.
>
> **코델리어** 없습니다, 제게도.

……

　안으로 들어가시지요.

리어　참아다오,

　모든 것을 잊고, 용서해다오. 나는 어리석은 늙은이니까.

　(199~200쪽)

　권력을 잃고 광기에 휩싸인 사람이 자기를 '어리석은 늙은이'라 되풀이해서 말한다.

　분명 리어는 권력의 자리에 앉아 있을 때나 영락한 지금이나 어리석다면 어리석다. 하지만 그 어리석음은 리어라는 인간이 보잘것없음을 뜻하지는 않는다. '내가 잘못했다, 용서해다오, 나는 어리석은 늙은이다'라고 딸 앞에서 고분고분 머리를 숙이는 아버지가 보잘것없는 인간일 리 없다. 예전의 권력자 리어도 큰 사람이었지만, 제 어리석음을 자각한 '늙어빠지고 광기에 휩싸인 리어'는 그보다 더욱 큰 사람이다.

　광기로 내달리는 리어에게 변함없이 충성과 사랑을 간직한 것은 켄트·글로스터·에드가·어릿광대·코델리어 같은 사람들이다. 모두가 누구 못지않게 상냥하고 헌신적이며 깨끗한 사람들이다. 리어는 광기에 휩싸인 가운데 제 어리석음을 자각하는 과정을 거치면서 상냥하고 깨끗한 사람들의 신뢰와 충성을 받기에 충분한, 진정 큰 사람으로 성장했다고 말할 수 있을지도 모른다.

2

셰익스피어는 리어 왕 외에 왕후귀족의 자리에서 쫓겨나 비참한 처지로 내몰린 인물 세 명(켄트 백작, 글로스터 백작, 글로스터의 적자 에드가)을 이 극에 추가로 등장시킨다. 비참한 처지에서 어떻게 기력을 잃지 않고 살아가는가. 셰익스피어는 네 사람의 삶의 방식을 통해 그것을 탐구하고 있는 것처럼 보이기도 한다. 네 사람 모두 타인의 노여움·냉혹함·책략 탓에 몰락의 길을 걷지만, 그 처지를 스스로 떠안고 그 안에서 인간답게 살려고 한다. 그러한 의지에 힘입어, 영락한 운명 속에서도 그들에게는 생명의 광휘가 있다.

네 사람 중에서도 거의 벌거벗은 채 거지차림을 하고 폭풍우 속을 설치고 돌아다니며 미친 척하는 에드가가 겉으로 보기에는 가장 비참한 존재다. 리어는 자기와 비슷한 처지에 빠진 에드가에게 강한 친근감을 느낀다. 광기로 치닫는 리어에게 딱 붙어 있으면서 리어를 떠받치고 격려하고 기운을 북돋는 어릿광대도 리어처럼 에드가에게 강한 친근감을 느낀다. 이리하여 예전의 최고권력자, 상류귀족의 적장자, 비천한 어릿광대 사이에 따뜻한 연대감이 싹터 동아리를 이룬다. 변장하여 신분을 감춘 켄트와 실의에 빠진 글로스터도 차츰차츰 그 동아리에 끌려들어온다. 그 동아리가 모인 자리에서 리어는 다음과 같은 대사를 읊는다. 폭풍우 속에서 거의 벌거벗은 채로 마구 떠는 에드가의 거지차림과 광태狂態를 응시하고 나서 읊는 대사다.

리어 이래서는 무덤에 있는 게 차라리 낫겠군, 거센 비바람을 알몸으로 맞느니보다는. 사람이란 게 겨우 이것밖에 안 되는 건가? 잘 보게나. 자네는 누에에게 비단을, 짐승에게 가죽을, 양에게 털을, 고양이에게 사향을 빌리지는 않았어. 어허! 우리 셋은 그저 모조품이구나! 자네는 불순물에 덮이지 않은 진짜야. 사람이란 게 옷을 벗겨버리면, 자네처럼 불쌍한 벌거숭이 두 발 짐승에 불과하지. 에이, 벗어버리자, 빌려온 것들을! 어이, 이 단추를 풀어다오.(억지로 옷을 벗으려 한다) (128쪽)

리어는 에드가보다 그나마 차림새가 조금 나은 세 사람(리어·켄트·어릿광대)을 가리켜 '모조품'이라 하고, 영락하여 벌거숭이 거지차림을 한 에드가를 가리켜 '진짜' 인간이라 말한다. 어리석음과 광기에 휩싸여 한 말이기는 하지만, 일찍이 권력의 정점을 누렸던 인간이 지금 지옥의 심연을 들여다보며 제 스스로 거기에 다가가려 한다. 셰익스피어다운 과감한 극작법이고 인물조형인데, 바로 그 과감함 덕에 이 애절하기 짝이 없는 정경이 탄생한 것이다.

나락의 바닥에 다가서려는, 옷을 벗으려는 시도는 상냥한 어릿광대의 임기응변 덕에 간신히 무산되었다. 하지만 그뒤 리어가 사는 모습을 보면, 한 걸음 한 걸음 권력과 영광의 옷을 벗어던지는 길을 걷는다.

그 과정이 애달프고 아름다워서 보는 이의 가슴을 친다. 오만방자한 리어가 권력을 잃고 보통사람에 가까워질 때, 또다른 리어가—제 어리석음을 마주하고, 사람을 사랑하고 사랑받기를 바라는, 애정이 넘치는 리어가—모습을 드러내기 때문이다. 광기에 휩싸여 리어가 그러한 인간으로 변모해갈 때, 애정 넘치는 리어와 주변 사람들이 나누는 마음의 교류에는 광기마저 감싸안는 두터운 정이 느껴진다. 어떠한 처지가 됐든 리어라는 사람을 저버리지 않는 어릿광대·켄트·글로스터·에드가·코델리어의 상냥함에 힘입어, 리어는 광기에 휩싸인 와중에도 넘치는 애정을 계속 간직했고, 그럼으로써 사람들과 이어질 수 있었다. 주변 사람들도 지위나 명예를 잃었지만, 지위나 명예의 갑옷을 벗어던진 뒤 마음 깊은 교류가 두터워지는 모습이 아름답다. 그것이야말로 인간이 본래 지닌 마음의 풍요로움이라는 생각을 갖게 하는 무언가가 거기에는 있다.

셰익스피어는 여기에서 보통사람이 되려 하는 왕후귀족의 마음의 아름다움, 혹은 왕후귀족의 내면에 잠들어 있는 보통사람으로서의 마음의 아름다움을 표현하려는 것처럼 보인다. '보통사람들의 별로 색다를 것 없는 생활 속에 살 만한 가치가 숨어 있다'고 보는 셰익스피어의 인생관은 포로 신세가 되어 코델리어와 함께 감옥으로 향하는 리어의 입을 통해 다음과 같이 드러난다.

두 언니 고네릴과 리건을 만나보지 않겠냐고 코델리어가 제안했을 때 읊는 대사다.

리어 싫어, 싫어, 싫어, 싫어! 자, 감옥으로 가자.

우리 둘이서, 새장 속의 작은 새처럼, 노래하며 살자꾸나.

네가 나에게 축복을 구한다면, 나는 무릎을 꿇고

네게 용서를 빌겠다, 그렇게 살자꾸나.

기도하고, 노래를 부르며, 옛이야기 하며, 나비처럼

현란한 패거리를 웃음거리로 삼고, 천박한 자들이 떠드는

궁정의 소문에 귀를 기울이는 거야. 그 패거리들의 이야기에 끼

어들어,

누가 이기고 누가 졌는지, 누가 오르막길이고 누가 내리막길인지,

신의 사자처럼 이 세상의 비밀을 아는 체하며

이야기하자. 그리고 벽으로 둘러싸인 감옥 안에서,

달과 더불어 차고 기우는 권력자들의 세력이 일어나고 스러지

는 모습을

조용히 바라보면서 지내도록 하자. (210쪽)

무위무관無位無冠의 처지로 전락한 리어가 마지막으로 그린, 잠깐 꿈꾸었던 유토피아가 이것이다. 얼마나 점잖고 평온한 세계인가. 이 평온한 세계에는, 리어 자신도 일찍이 '나비처럼 현란한 패거리'의 일원이었고 '달과 더불어 차고 기우는 권력자들의 세력이 일어나고 스러지는' 세계의 한복판에 있었지만, 그런 인간도 조용히 받아들일 큰 도량이 있다. 그것이 '보통사람의 생활'이라는 것이고 그 생활의 품이 얼마나 넉넉한지를 영락한 리어가 짚어내고 있는 점이 감명을 준다. 드라마의 전개로

보건대, 이처럼 점잖은 생활은 리어와 코델리어에게 결코 허용되지 않을 것은 분명하지만, 그렇다 해도 리어가 여기서 이러한 생활을 꿈꾸었던 마음의 진실을 의심할 수는 없다.

리어는 모든 것을 잃은 것처럼 보이지만, 꿈꾸었던 그 마음에 힘입어 그는 살아갈 희망을 가질 수 있는 통찰을 지녔다고 말할 수 있다.

3

『리어 왕』에서는 성명을 알 수 있는 등장인물 14명 가운데 절반이 넘는 8명이 죽는다. 여덟 가운데 자연사라고 할 만한 이는 한 명도 없다.

몇 사람의 죽음을 매듭짓고, 종막 가까이에서 코델리어가 죽고 리어가 죽는다. 두 사람의 죽음은 애절하기 짝이 없다.

에드먼드는 포로 신세가 된 두 사람이 살아 있으면 제 신변에 불이익이 생기지 않을까 염려하여 충복 두 명에게 암살하라는 명령을 내린다. 감옥에 잠입한 부하는 코델리어를 목 졸라 죽였지만, 그뒤 리어를 죽이려다가 도리어 제가 죽임을 당한다. 코델리어의 죽음이 늙은 리어에게서 초인적인 투지를 불러일으켰다고 해야 할까.

하지만 광기가 심해져 마음의 평정을 잃고 체력과 기력이 모두 쇠한 리어에게도 죽음은 바싹 다가왔다. 그러한 리어가 코델리어의 시체를 안고 등장하는 것이 『리어 왕』 최후의 장면이다.

리어 울어라, 울어라, 제발 울어라! 아아, 너희들은 돌이냐?

　　 내가 너희들의 혀와 눈을 가졌다면, 그것으로

　　 저 하늘을 박살내버렸을 텐데. 내 딸은 영원히

　　 가버렸다! 나도 안다, 죽었는지

　　 살아 있는지는. 내 딸은 죽었다, 흙덩이처럼.

　　 거울을 빌려다오, 숨을 쉬어 거울이 흐려지거나 지저분해진다면

　　 아직 살아 있는 거겠지. (229쪽)

　코델리어의 죽음은 어찌할 도리 없는 사실이다. 목 졸려 죽는 자리에 있었던 리어가 그것을 모를 리 없다. 딸의 죽음을 받아들이려 한 앞의 대사에서도 리어는 몇 번이고 딸이 죽었다는 것을 확인한다. 하지만 그럼에도 '거울을 빌려'달라는 말이 튀어나온다.

리어 깃털이 움직인다, 살아 있구나! 아아, 만약

　　 살아 있기만 하다면, 내가 맛본 슬픔은

　　 모두 보상을 받을 터.

　　 ……

　　 코델리어, 코델리어, 기다려다오! 응,

　　 뭐라고 한 거냐? 내 딸의 목소리는 언제나 상냥하고,

　　 조용하고, 낮았다. 고운 여자만이 갖고 있는 장점이지.

　　 (229~230쪽)

여기에는 이제 예전의 왕과 공주는 없다. 그 옛날, 왕은 입에 발린 소리를 하지 않는 공주에게 '너 같은 건 애초에 태어나지 않는 게 좋았다'고 말했다. 이제 왕관을 버리고, 왕과 공주의 옷을 벗고, 감옥에서 둘이 어깨를 맞댈 때, 서로가 서로에게 누구도 대신할 수 없는 존재임을 알아차리게 된다. '살아 있기만 하다면', 이 대사가 리어의 마음을 잘 전해준다. 고난과 실의와 광기를 헤쳐나오면서, 리어는 사람과 사람이 살아서 같은 세계를 공유하는 것이 얼마만큼 가치 있는 것인지 알게 되었다. 그 통찰을 드러내는 대사가 터져나오는 것은 더 이상 코델리어와 같은 세계를 공유할 수 없는 순간이다. 그야말로 비극의 마지막 풍경에 어울리게. 코델리어의 죽음을 애도하기에 가장 잘 어울리는 사람이 가장 그럴듯한 말로 애도하고 있다.

그러나 『리어 왕』은 코델리어의 죽음으로 완결되지 않는다. 리어라는 인물의 죽음이 뒤따르고서야 끝난다. 리어의 마지막 대사는 이렇다.

> **리어** 개도, 말도, 쥐새끼도, 목숨이 있는데
> 너는 숨을 멈췄느냐! 이제 돌아오지 못하겠지,
> 다시는, 다시는, 다시는, 다시는, 다시는!
> 부탁이다, 이 단추를 풀어다오. 고맙소.
> 이거 보이나? 보라, 이 얼굴을, 이 입술을,
> 보라, 이것을 보라! (233쪽)

리어는 코델리어의 얼굴과 입술을 아주 가까이에서 보면서 이 대사를 읊고, 대사가 끝나자마자 코델리어의 몸 위로 쓰러지면서 숨을 거둔다. 비극적인 죽음이긴 하지만, 리어 왕의 생애를 돌아보면 이 죽음은 만족스럽고 멋진 죽음이라는 생각이 든다. 영락한 처지의 끝에서 가장 사랑하는 딸과 한때를 보냈고, 그 딸 곁에서 울면서 숨을 거두었다. 보기에 따라서는 자연사에 가까운 평온함이 감돌고 있는 듯하다. 그리고 리어가 그렇게 죽음으로써, 비명非命에 죽었다고 해야 할 코델리어의 죽음도 얼마간 평온한 공기가 감싸는 것처럼 보인다.

리어의 죽음을 애도하는 대사를 읊는 것은 실의와 광기에 빠진 리어를 인간으로서 깊이 사랑했던 에드가와 켄트, 그리고 올버니다.

켄트 영혼을 괴롭히지 말게, 편안히 보내드리세.

괴로운 이 세상 고문 틀에 더 이상 머물게 해봐야,

왕은 기뻐하시지 않을 걸세.

에드가 정말 돌아가셨군요.

켄트 이때까지 견디신 것이 오히려 신기하지.

타고난 수명보다 더 오래 버티신 게야.

……

올버니 이 슬픈 시대의 무게를 견뎌내는 수밖에 없습니다,

느끼는 대로 말하겠소, 의례적인 말은 그만두지요.

가장 나이든 분들이 가장 큰 고통을 견뎠어요,

젊은 우리는 이만한 고통을 견뎌내지 못할 겁니다. (233~234쪽)

주변 인물들도 리어가 죽음을 통해 당당하게 생애를 완결했다고 느꼈다. 보통사람이 됨으로써 리어는 아름답고 장엄하게 죽음을 맞이할 수 있었던 것이다.

*　　*　　*

덧붙임.

이 글에서는 리어를 중심으로 이야기를 진행했기 때문에, 권력을 잃은 뒤에도 리어를 따랐던 선량한 사람들을 많이 언급했다. 그래서 리어의 적으로 돌아선 악역들을 다룰 기회가 별로 없었다. 하지만 극을 전체적으로 보면, 결코 악역들의 존재가 희미하지는 않다. 어느 악역(콘월 공작·에드먼드·고네릴·리건·오스월드 등)이든 개성적이고 의지가 강하며 인간적인 매력을 갖추고 있다. 글에서 말하려 했지만 기회를 얻지 못해 군말을 덧붙여둔다.

세상이라는 거대한 책

데카르트 『방법서설』

『방법서설』은 사람에게 살아갈 용기와 생각할 용기를 주는 상쾌한 책
이다.

첫 줄부터 시원하게 딱 잘라 말한다.

　　양식良識은 이 세상에서 가장 공평하게 분배되어 있는 것이다.
　(5쪽)

데카르트는 넓고 깊게 학문에 익숙했고, 다양한 사람과 사귀었으며,
인간사회를 가까이에서 또 멀리에서 관찰했고, 제 생각이 정말로 옳은
지 계속해서 물었던 철학자였는데, 그의 토대는 인간을 관찰해서 얻은

앞의 인용문이었다. 양식은 남자든 여자든, 왕후귀족이든 승려든 농민이든 기술자든 상관없이, 백인이든 황인이든 흑인이든, 기독교도든 이교도든 가릴 것 없이 모두에게 평등하게 분배되어 있다. 데카르트는 그렇게 생각했다. 몇 줄 뒤에는 양식에 대해 좀더 알기 쉬운 설명이 나온다.

　　잘 판단하여 참된 것과 거짓된 것을 분별하는 능력, 그것이 본래 양식 또는 이성이라 부르는 것인데, 그것은 모든 사람에게 태어날 때부터 평등하게 주어져 있다. (5쪽)

　　양식이라고도 하고, 이성이라고도 하며, 판단하는 능력이라고도 한다. 그런 단어로 일컫는 무언가는 눈에 보이지도 않고 객관적으로 계산할 수도 없기 때문에, 모든 사람에게 평등하게 분배되었다고 데카르트는 말했지만, 정말로 분배되었는지 간단히 확인할 방법은 없다. 우리 같은 상식적인 사람이 보기에도 각자가 지닌 양식이나 이성은 모두 같다고 말할 수도 있고, 아니면 사람에 따라 차이가 난다고 말할 수도 있는데, 뒤쪽 의견이 우선은 온당한 게 아닐까 싶다.

　　그런데 데카르트는 양식·이성·판단력은 모든 이에게 평등하게 주어져 있다고 단호하게 주장한다. 자기 자신의 이성과 판단력이 어떠한지를 예로 들면서 말이다.

　　내 이야기를 하자면, 어떠한 점에서든 내 정신이 보통사람보다 완전하다고 생각한 적은 없다. 그렇기는커녕 남들만큼 생각이 빨랐으면, 상상력이 선명하고 뚜렷했으면, 기억력이 좋아 풍부한 내용으로 곧바로 대답할 수 있었으면 좋겠다고 자주 생각했던 사람이다. (5쪽)

이것을 겸양의 말로 받아들일 필요는 없다. 데카르트는 자신에 대해서든 세상에 대해서든 교만하거나 아첨하지 않는 사람이다. 양식과 이성과 판단력에서 보통사람들보다 뛰어나지도 열등하지도 않은 사람으로서, 보통사람들과 함께 지적知的으로 산다. 데카르트는 그렇게 살기를 바랐고, 그런 삶의 방식이 어디에서 오는지 그리고 그렇게 사는 의의는 무엇인지를 밝히려고 『방법서설』을 썼다.

1

데카르트는 자신을 그렇게 사는 방식으로 이끈 요인의 하나로, 젊은 시절 플레슈 학교에서 '문자의 학문'을 배우다 실망한 경험을 들고 있다.

플레슈 학교는 예수회가 국왕 앙리 4세의 지원을 받아 창설한 '유럽에서 가장 유명한 학교의 하나'였는데, 르네상스의 성과를 도입하여 인문학을 교육하는, 당시로서는 첨단 교육기관이었다. 데카르트는 그곳에서 그리스어·라틴어·역사·시·웅변술·수사학·자연학·수학·도덕·철학을 배워, 말하자면 최신 지식을 익힐 수 있었다. 하지만 데카르트는 그곳에서 공부하면서 만족감을 얻은 것이 아니라, 도리어 기성 학문에 대한 강한 불신을 키웠다.

9년간의 학교생활을 마치고, 데카르트는 다음과 같이 마음먹었다.

나는 성년成年이 되어 선생들의 손에서 해방되자마자 책의 학문을 완전히 버렸다. 그리고 내 자신에게서 찾아낼 수 있는 학문, 혹은 세상이라는 거대한 책에서 찾아낼 수 있는 학문 외에는 더 이상 어떠한 학문도 찾지 않으리라 결심하고, 나의 나머지 청년시절을 여행으로 보내면서, 이곳저곳의 궁전과 군대를 보고, 다양한 기질과 신분을 지닌 사람들을 찾아다니며, 갖가지 경험을 쌓고, 운명이 내게 보내준 이런저런 사건 속에서 나 자신을 시험하려 했으며, 도처에서 내 앞에 나타난 사물에 대해 반성하고 거기에서 무언가 이익을 얻으려 애썼다. (8쪽)

여행은 잘 풀렸을까. 일단 갔다고는 할 수 있다.

하지만 학교를 떠나 세상으로 나가서 이런저런 경험을 쌓는 것이 그대로 만족감으로 이어지는 식으로 일이 술술 풀렸을까. 그렇지 않았다. 플레슈 학교에서 배운 지식이나 학설에 강한 의구심과 불신을 품었던 데카르트의 명민한 지성은 당연히 세상에 널리 퍼진 통념과 신조와 행동양식에도 강한 의구심과 불신을 품을 수밖에 없었다. 그러나 그와 동시에 다양한 경험을 통해서 '세상이라는 거대한 책'에 배울 만한 가치가 있는 '풍부한 내용'이 들어 있음을 실감했다. 플레슈 학교 시절과는 달리, 데카르트는 세상을 떠나 다시 어딘가로 가야겠다고는 생각하지 않았다.

2

그러나 풍부함과 확실함은 역시 다르다. '세상이라는 거대한 책'은 매우 풍부하다는 생각이 들긴 했으나, 플레슈 학교에서 읽었던 책들과 마찬가지로, 거기에서 무언가 확실한 것을 찾아내기는 어려웠다. 세상은 다양한 사람들, 다양한 집단, 다양한 행동, 다양한 사건, 다양한 습관으로 들어찼지만, '이것이야말로 확실하고 진정한 것'이라 이를 만한 것은 좀처럼 찾아볼 수 없었다. 경험이 넓어지고 깊어짐에 따라 도리어 모든 것이 수상쩍다는 생각이 들었다.

하지만 데카르트는 계속 확실한 것을 찾았다.

그것을 어디에서 찾으면 좋을까.

데카르트는 말한다.

이렇게 세상이라는 책을 연구하고, 얼마간 경험을 얻으려 애쓰면서 몇 년을 보낸 뒤, 어느 날 나는 나 자신을 연구해보자, 그리고 내

가 가야 할 길을 택하기 위해 내 정신의 온 힘을 쓰자고 결심했다. (9쪽)

나는 다른 사람이 아닌 이 사람의 견해라면 따를 만하다고 생각되는 사람을 고를 수 없어, 말하자면 어쩔 수 없이 내가 나를 인도하기로 했다. (11쪽)

확실한 것은 다름아닌 내 안에 있다. 데카르트는 그런 예감이 들었고, 그 예감에 이끌려 자기를 탐구하여, 거기서 확실한 것을 찾아낼 수 있었다.

그렇듯 확실한 것은 바로 서양근대철학의 개막을 알린 '나는 생각한다, 그러므로 나는 존재한다'(Je pense, donc je suis)라는 명제였다.

플레슈 학교에서 배운 최신·최상급의 지식과 학문은 미덥지 않았다. 세상 사람들이 말하는 것, 행동하는 것, 거기에서 통용되는 것은 다채롭고 풍부하긴 했지만 그 또한 미덥지 않았다. 미더운 것은 자기였고, 자기가 생각하는 힘, 자기의 정신이었다. 확실한 것을 찾으려는 사색의 여행은 데카르트를 그러한 인식으로 인도했다.

나는 하나의 실체이고, 그 본질 혹은 본성은 오로지 생각한다는 것 이외의 어떤 것도 아니며, 존재하기 위한 어떤 장소도 필요하지 않고, 어떠한 물질에도 의존하지 않는다는 것. 따라서 이 '나'라는 것, 즉 나를 나이게 하는 '정신'은 물질과 완전히 다른 것이며, 또한 정신은 물체보다 인식하기 쉬운 것이고, 가령 물체가 존재하지 않는다고 하더라도 정신은 스스로 중단 없이 존재하리라는 것. (19쪽)

정신(생각하는 힘)의 존재가 의심할 수 없이 확실한 것이라면, 그 정신의 사고가 오류 없이 진리에 도달하는 방법은 어떠한 것인가. 그 방법이 책제목 『방법서설』의 바로 그 '방법'인데, 데카르트는 그것을 간결하게 네 가지 규칙으로 정리했다.

1. 내가 명증적明證的으로 참이라고 인식한 뒤가 아니면, 어떠한 것도 참으로 받아들이지 않을 것.
2. 내가 음미한 문제 각각을 가능한 한 잘게, 그리고 그 문제를 가장 잘 풀기 위해 필요한 수만큼 작은 부분으로 나눌 것.
3. 가장 단순하고 가장 인식하기 쉬운 것에서 복잡한 것으로 순서를 따라 올라갈 것.
4. 어떤 것도 놓치지 않았다고 확신할 수 있을 만큼 완전히 열거하고 전체를 처음부터 끝까지 훑어볼 것.

이 네 가지만 지킨다면 사고는 어떤 허술함도 없이 완전하다, 그렇게는 도저히 말할 수 없다. 하지만 '힘을 잃고 정체되거나 벽에 부딪혀 스스로 무너지고, 터무니없는 방향으로 일탈하거나 자기 자신을 잃고 방향을 잃는 사태가 자주 발생하는 사고思考를, 조리 있고 논리적으로 만들려면 어떻게 해야 하는가', 그 점을 잘 고려하고 있다. 다양한 생각에 익숙해지며, 늘 명석함을 찾고, 나아가 제 생각을 끊임없이 음미하고 재음미한다. 그것이 데카르트류의 지성이었다는 생각이 거듭 든다.

3

확실한 것을 찾아 제 자신에게 돌아온 데카르트는 '정신으로서의 자기 존재'야말로 가장 확실한 것이고, 그것이야말로 모든 것의 원리라고 확신할 수 있었다.

하지만 이 '자기'는 자신에게 콕 틀어박혀 자기에게서 완전히 끝을 맺는 그러한 자기가 아니다. 세상과 싸우며 살아가려는 자기이고, '세상이라는 거대한 책'을 계속해서 읽으려는 자기다. 그렇다면 앞서 말한 '진리에 이르는 사고 방법'과는 달리, 세상과 어우러지는 방법이 필요해진다. 데카르트는 그것을 '도덕의 규칙'이라 불렀는데, 주요한 것은 아래 세 가지다.

1. 내 나라의 법률과 습관에 복종하고, 어린 시절부터 배워온 종교를 견지하며, 그 외의 모든 것에 대해서는 가장 온건한 의견에 따라 자신을 인도할 것.

2. 자신이 행동할 때는 가능한 한 확고하고 또 결연한 태도를 취하며, 아무리 의심스런 의견이라도 일단 그것을 취하기로 결심했으면 계속해서 따를 것.
3. 운명을 이기려 하기보다 자기를 이기고, 세계의 질서를 바꾸려 하기보다 제 욕망을 바꾸려고 애쓸 것.

'나는 생각한다, 그러므로 나는 존재한다'는 절대적 원리와 네 가지 사고 규칙이 혁신적이고 근원적인 데 비해, 도덕 규칙은 또 얼마나 보수적이고 체제순응적인가. 그러나 둘 다 거짓없는 데카르트의 모습이었다.

순일純―하고 치열한 이론적 탐구와 어중간한 실생활 사이의 모순에서 그러한 낙차가 생겼기 때문에, 그러한 모순이 그대로 규칙에 반영되어, 색깔이 전혀 다른 '사고 규칙과 도덕 규칙'이 탄생했다. 데카르트는 그 모순을 한 개인의 힘으로는 도저히 극복할 수 없다는 사실을 잘 알고 있었다. 잘 알고 있으면서 보통사람으로서 세상을 살아갔다. 그러기 위해서 고심고심 끝에 보수적이고 체제순응적인 규칙을 선택했던 것이다.

그리고 그 규칙을 일부러 '잠정적인 것'이라 미리 일러둔 데카르트는 그것이 그다지 보편성을 갖고 있지 않다는 사실 또한 잘 알고 있었다. 더 덧붙이자면, 그러한 규칙을 따르는 자신의 생활이 보통사람들의 평범한 생활과 다르지 않다는 사실도 잘 알고 있었다. 데카르트는 "즐겁고 순박하게 생활하는 것 이외에는 아무 할 일도 없고, 쾌락과 악을 구분하는 데 주의하긴 했지만, 그러나 한가한 시간을 따분하지 않게 보내기 위해 이런저런 깔끔한 심심풀이에 몰두하는 사람들의 생활과 겉으로 보기에는 조금도 다름없는 생활"(17쪽)이 제 생활이라 말했다.

왜 데카르트는 세상에서 보통사람으로 생활하는 것에 구애받았던 것일까.

그 물음에 답하려면 『방법서설』 첫머리에 나오는 문장(양식은 이 세상에서 가장 공평하게 분배되어 있는 것)으로 돌아가야 한다. 모두가 동등한 양식을 갖고 사는 곳이 인간세상이다. 그렇게 생각한 데카르트는 자기도 똑같은 양식(혹은 이성과 판단력)을 갖고 사람들과 더불어 살고 사람들에게 호소함으로써 사람들의 양식(혹은 이성과 판단력)이 더욱 확실해지고 더욱 명석해지며, 아울러 사회가 더욱 합리적이 되고 개명開明되는 것을 기대할 수 있었다.

바꾸어 말하면 '나는 생각한다, 그러므로 나는 존재한다'는 첫번째 진리는 데카르트 한 사람에게만 진리가 아니라, 공평하게 분배된 양식을 나누어 지닌 모든 사람들에게 진리여야 했다. 데카르트의 '나'는 데카르트에게만 갖추어진 '나'가 아니라, 모든 사람에게 있는 '나', 보편적인 '나'다. 정신으로서의 '나'의 본질은 생각하는 것에 있고, 생각하는 힘(양식·이성·판단력)은 모든 사람에게 평등하게 주어져 있으므로.

인간의 근저根底에 사고를 두고, 사회의 근저에 사고를 둔다. 그것이 데카르트가 그린 세계의 모습이고, 그 세계상은 서양의 근대세계에서 널리 받아들여졌다. 그런 의미에서 서양근대는 사고의 시대, 혹은 이성의 시대라고 부를 수 있다.

이성을 신뢰한 시대에 이성을 관철하며 산 데카르트는 행복한 철학자였다. 데카르트 스스로 "나는 무척 운이 좋았다"(5쪽)고 말했다. 행복의 대부분은 시대가 준비해준 것이었다.

나는 또한 진리탐구에서 내가 이미 성취했다고 생각하는 진보에 대해 더할 나위 없이 만족감을 느꼈고, 미래에 대해서도 커다란 희망을 품었는데, 한낱 사람으로서 사람이 할 수 있는 일 가운데 틀림없이 선하고 유익한 것이 무언가 있다면, 그것은 바로 내가 선택한 일이라고 감히 생각할 정도였다. (6쪽)

참고로 말하자면, 철학자가 '제 일을 행운이다, 유익하다'고 느낀 것은 헤겔 정도가 마지막이 아닐까 싶다. 그렇다면 이성의 시대로서의 서양근대는 19세기 전반까지이고, 그 이후는 이성에 커다란 의문을 품은 현대라는 말이 될까.

4

끝으로 『방법서설』이 프랑스어로 쓰인 점에 대해 짚어보려 한다.

대체로 철학적인 저작은 라틴어로 쓰던 시대에 데카르트는 굳이 전문가가 아닌 사람들도 접근하기 쉬운, 비학문적인 프랑스어로 쓰는 쪽을

택했다. 단테가 『신곡』을 이탈리아어로 쓴 것이나 루터나 『성경』을 독일어로 번역한 사실이 함께 떠오른다. 여기서도 또한 보통사람들과 더불어 살고자 하는 확고한 의지를 엿볼 수 있다.

나를 가르친 선생들의 언어 라틴어가 아니라 내 조국의 언어 프랑스어로 쓴 이유는, 선천적 이성만을 사용하는 사람들이 옛 책만 믿는 사람들보다 내 의견을 더욱 올바르게 판단해주리라고 생각했기 때문이다. 그리고 그러한 양식과 더불어 학문을 아울러 갖춘 사람들, 그러한 사람들이야말로 내가 재판관으로 삼고 싶은 이들인데, 그들도 내가 통속의 언어로 논의를 펼쳤다고 해서 듣기를 거부할 만큼 라틴어를 편애하지 않으리라고 믿는다. (37~38쪽)

빙그레 웃으면서 인용문 후반부를 썼을 데카르트의 모습이 떠오른다. 그는 비꼬는 말을 던질 때도 냉정함을 잃지 않는 사람이었다.

II

思索
사색

⊗

향연

논어

프로테스탄티즘의 윤리와
자본주의 정신

고대 그리스의 에로스
플라톤『향연』

『향연』은 연회의 흥겨움이 감도는 유쾌한 대화편對話篇이다.

담론의 장소를 설정하는 것만 보아도 놀이의 기색이 짙다.

아테네에 사는 비극작가 아가톤의 집에 소크라테스를 비롯한 친구들
이 모여든다. 디오니소스 축제의 연극 콩쿠르에서 아가톤이 우승하여,
그것을 축하하는 모임에 참석한 이들이다. 먼저 축하 음식이 나와 모두
그것을 먹고, 이어서 술이 나온다. '마실 사람은 마시고 싶을 만큼 마시
되, 다른 이에게 억지로 강권은 하지 않는다'고 약속한 뒤 술자리가 벌
어진다. 『향연』은 술자리에서 벌어진 논의를 엮은 대화편이다.

참석자 한 사람이 '허물없는 술자리에 어울리는, 사랑의 신 에로스를
화젯거리로 삼아 차례대로 찬미하는 게 어떨까' 하고 제안한다. 하늘과

땅의 처음에 태어난 위대한 신인데도, 거기에 어울리는 찬미의 말을 바친 적이 없으므로.

모두가 재미있겠다며 찬성하고, 술기운이 도는 격의 없는 말투로 연애를 논하기 시작한다. 이치를 내세워 따지는 철학적인 대화하고는 풍취가 매우 다른 자리여서, 여느 대화편과 달리 소크라테스도 빈정거리거나 비꼬는 투로 상대를 집요하게 몰아붙이지는 않는다. 이야기할 내용과 말하는 방식 모두 악의 없는 잡담이나 방담放談 같은 것에 가깝다. 문장가로 이름 높은 플라톤인 만큼, 얼마간 복선을 깐 채 이야기의 흐름에 완급과 기복起伏을 두어 사랑의 본질에 다가서도록 넌지시 배려하기는 하지만 말이다.

1

에로스 신을 찬미하는 이로 등장하는 사람은 여섯인데, 맨 먼저 나선 이는 파이드로스다. 파이드로스는 에로스(사랑)가 인생에서 얼마나 가치 있는 것인지 설명한다.

내 생각은 이렇다. 소년이 그의 온 생애에서 자기를 사랑해주는 인격자를 얻는 것보다 더 멋진 일은 없고, 거꾸로 소년을 사랑하는 이에게는 그 소년보다 좋은 것이 있을 수 없다. 훌륭하게 살려는 사람에게 일생의 지도원리가 될 만한 것을 우리에게 확실히 심어준다는 점에서, 사랑과 비교한다면, 가문이나 명예나 부유함은 아무것도 아니다. (110쪽)

'서로 사랑하는 이들이 상대의 뛰어난 인격에 마음이 움직여, 자기 또한 훌륭한 인격자가 되려고 거듭 노력하는 것'은 있을 수 있는 연애심리라고 수긍할 수 있다. 그리고 '그러한 힘이 있기 때문에 사랑(에로스)은 인생에서 가치가 있다'는 생각도 도덕교과서 같은 느낌이 강하긴 하지만, 그 나름으로 설득력 있는 연애관이라 할 수 있겠다.

하지만 그 이야기를 남자들끼리의 연애(少年愛)를 예로 들어 말하는 것에는 석연치 않은 구석이 있다. 그 위화감은 고대 그리스의 연애관과 근대의 연애관이 근본적으로 다른 데서 생긴다. 왜 그런지를 더듬어보자.

에로스 신이 인간의 마음을 움직이는 예로 남자들끼리의 사랑을 거론한 것은 우연이 아니다. '남자들끼리의 연애, 남녀 간의 연애, 여자들끼리의 연애 세 가지가 있고 셋 다 좋지만, 우선 남자들끼리의 연애를 예로 들어 생각해보자'는 태도가 아니다. 에로스 신이 인도하는 가치 있는 연애라 하면 으레 남자들끼리의 사랑을 떠올리는 것은 플라톤에게, 그리고 필시 고대 그리스 지식인들에게 상식적인 견해였다. 앞서 인용한 파이드로스의 발언에는 남자들끼리의 사랑과 그 밖의 다른 사랑의 우열을 지적하는 대목이 없지만, 두번째 파우사니아스의 발언에는 그것이 보인다. 사랑에는 저속한 사랑과 고귀한 사랑의 구별이 있다고 한 뒤에,

(보잘것없는) 무리들은 첫째, 소년도 사랑하지만 그에 못지않게 여성을 사랑한다. 둘째, 상대의 영혼보다 오히려 육체를 더 사랑한다. ……한편, (훌륭한) 에로스는 첫째, 오직 남성하고만 관계하고 여성과는 관계하지 않는다. ……이 사랑(에로스)의 영기靈氣를 받은 이들은 힘세고 혈기가 왕성하며 이성적인 본질을 갖춘 이를 사랑하여, 남성에게로 마음이 가는 것이다. (116쪽)

남자와 여자를 차별하는 사상을 대놓고 드러내고 있어, 민주제 사회라 일컬어지는 고대 아테네가 동시에 노예제로 지탱된 사회였다는 사실을 새삼 떠올리게 된다. 고대 아테네에서 여성은 시민으로 인정받지 못했고, 오히려 노예에 가까운 존재였다. 남자와 여자 사이에 넘기 어려운 사회적 차별이 존재한다면, 남자가 여자를 사랑하는 에로스에 가치를 두기는 어려운 노릇이다. 애초부터 '사랑이라는 사적이고 개인적인 정열이 사회적 차별을 해체할 만한 힘이 있다'고 보는 근대적 연애관이 고대에는 낯선 것이었고, 사랑 안에 사회제도를 뚫고나갈 만한 인간적 진실이 깃들어 있다고 보는 가치의식도 아직 성립되지 않았다. 그러다보니 남자가 여자를 사랑하는 것은 욕망을 이기지 못해 저속함에 떨어지는 짓일 뿐이었다.

그렇다면 여자가 남자를 사랑하는 것은?

『향연』은 그에 대해 전혀 논하지 않았다. 마치 여자는 사랑의 주체가 될 만한 자격이 없다고 여기는 것처럼. 그리스 신화에는 여신이 연애하는 장면이 얼마든지 나오고, 현실의 도시국가에서도 여자가 남자를 사랑하는 관계는 얼마든지 있었을 텐데도, 『향연』에서는 여성이 연애의 주체로 등장한 적이 없다. 굳이 말하자면, 철학은 그만큼 철저하게 남성 우위의 사회제도와 사회의식에 충실했던 것이며, 실상은 남자의 전유물에 가까운 것이었다.

그렇게 생각하면, '말할 만한 가치가 있는 연애를 남자들끼리의 사랑에 국한시킨 부자연스러움'을 얼마간 이해할 만하다 할 수 있을까.

2

말할 만한 가치가 있는 사랑의 전형을 남자들끼리의 사랑이라 여겼다 치고, 그렇다면 남자들끼리의 사랑이면 모두 훌륭한 것이라 말할 수 있는 것인가.

그런 물음에서 본래의 연애 이야기가 시작된다.

남자들끼리의 사랑에도 에로스 신이 칭찬하는 사랑과 그렇지 않은 사랑이 있다. 저속한 에로스와 훌륭한 에로스를 구별한 파우사니아스—이 남자 자신이 자타가 공인하는 호모 섹슈얼이다—는 이렇게 말을 이어간다.

'변변치 못한 자'란 저 저속한 사랑을 품은 무리, 바꾸어 말하자면 영혼보다 육체를 사랑하는 무리를 가리킨다. 그리고 그 무리는 영속성이 없는 것을 사랑의 대상으로 삼았으므로, 제 자신에게도 영속성이 결여되어 있다. 즉, 그들은 사랑의 과녁으로 삼은 육체의 꽃이 시들자마자, 이전에 했던 숱한 말과 약속들을 헌신짝 버리듯 '날려버린다'. 그에 반해서, 상대의 인품—물론 인품이 훌륭할 때의 이야기지만—을 사랑한 이는 영속적인 것과 융합되었기 때문에, 일생 동안 변하지 않는다. (120~121쪽)

육체와 영혼. 덧없이 사라져가는 것과 영원불멸하는 것.

이 대립 도식은 예나 지금이나 서양사상에 깊이 뿌리박은 도식이다. 고대 그리스 철학과 고대 로마에서 일어난 기독교사상도 이 대립 도식이 강력하게 지배하고 있다.

이 도식을 연애 이야기에 그대로 들고 나와 육체에 대한 사랑과 영혼에 대한 사랑의 우열을 논의의 중심에 두게 되면, 에로스론은 겉만 번지르르한 추상론에 떨어지기 십상이다. 육체적인 사랑은 저속하고, 영혼에 대한 사랑은 고결하다. 그 이상 아무런 할 말이 없어져버린다. 본래 사랑(에로스)이란 남녀의 사랑이든 남자들끼리나 여자들끼리의 사랑이든, 육체와 깊이 연관된 마음의 움직임이기 때문에, 육체적인 것에 저속하다는 딱지를 붙여 잘라내버리고 나면 에로스를 정면으로 대할 수 없게 되고, 에로스론은 에로스 부정론이 되고 만다.

에로스론과 '고지식한 대화, 고결한 윤리, 훌륭한 철학'은 물과 기름이다.

플라톤은 그것을 잘 알고 있었기 때문에, 술자리에서 연회의 흥겨움이 감도는 가운데 논의가 진행되도록 무대를 마련했던 것이다.

그럼에도 앞서 인용한 파우사니아스의 말에서 보이듯, 그 시절의 지식인이 정색을 하고 에로스의 시비를 논하다보면 육체와 영혼의 대립 도식이 얼굴을 내민다. 플라톤이라 해도 도식의 정당성을 부정할 수 없었기 때문에, 정당한 도식의 지배력을 어떻게 한정하고, 이단적으로 비칠 수밖에 없는 에로스론을 어떻게 재미있게 전개하느냐, 그것이 플라톤의 문학적 역량으로 『향연』에서 해결해야 할 과제였다.

그 점에서, 작품에서 특히 이채를 발하는 것이 희극작가 아리스토파네스의 태도와 논의다.

그가 취하는 태도부터 보기로 하자. 육체와 영혼의 구별에서 성립된 '저속한 에로스와 훌륭한 에로스의 논의'에 대해, 아리스토파네스는 '딸꾹질'로 대응한다. 근엄한 육체부정론에 몸이 반발하는 듯한 정경이라, 읽고 있노라면 웃음이 터지려 한다. 플라톤도 슬며시 웃음을 머금고 글을 썼을지 모른다. 그 글에는 의사 에릭시마코스가 아리스토파네스에게 딸꾹질 요법을 일러주는 장면도 나온다.

> 한참 숨을 참아보게. 그걸로 딸꾹질이 멈춘다면 됐고. 그래도 멈추지 않으면, 물로 울걱울걱하며 입을 헹구어보게. 그래도 여전히 효과가 없다면, 무언가로 코를 간지럽혀 재채기를 해보게나. 한두 번 하면 아무리 심한 놈이라도 멈출 걸세. (124쪽)

여담은 이쯤에서 그치고 다시 본론으로 돌아가자.

딸꾹질 덕분에 차례가 뒤로 밀린 아리스토파네스는 세번째 화자 에릭시마코스가 말한, 두번째 화자 파우사니아스와 대동소이한 '건강한 에로스와 병적인 에로스론'을 받아서, 정론正論과는 전혀 닮은 데가 없는 꾸며낸 이야기를 익살스럽게 펼쳐 보인다.

원래 인간은 남자, 여자, 그리고 남자와 여자가 혼합된 형태(안드로귀노스, 양성구유兩性具有) 세 부류가 있었다. 세 부류 모두 생김새는 공처럼 둥글고, 손과 발이 각각 넷, 얼굴이 둘, 귀가 넷, 음부가 둘인 그런 모습이었다.

헌데, 인간들이 오만해져서 신들에게 맞서려 하자, 제우스가 계략을 짜서 세 부류의 인간을 모두 둘로 나누어버렸다.

> 이리하여 인간은 원래 하나였던 것이 둘로 잘려 나뉘었기 때문에, 모두 제 반쪽을 찾아 한몸이 되었다. 그들은 상대방을 껴안고 한데 뒤엉켜 일심동체가 되기를 열망했으며, 서로 떨어지면 아무것도 하려 들지 않았다. 그래서 굶주림 때문에, 아니, 대체로 아무것도 하지 않으며 세월을 보내다 차례차례 죽어갔다. (132쪽)

에로스에는 결여된 느낌이 따른다는 것, 상대에 대한 생각이 지나치게 과잉으로 부풀어오른다는 것, 자칫 방심하면 그것이 일상의 생활질서와 인간관계를 부숴버리기 십상이라는 것, 에로스의 극한에서는 의외로 죽음이 가깝게 느껴진다는 것. 이렇듯 아리스토파네스가 꾸며낸 이야기는 육체적 사랑의 어떤 측면을 도드라지게 드러내고 있다. 도드라지게 드러난 것은 뜻대로 되지 않는 사랑이라 말할 만한 것이지만, 영원한 사랑이라 말한 만한 것도 그 이야기의 사정거리에 들어와 있다.

> 찾아헤매던 제 반쪽을 만나면, ……누구나 우정과 친근감과 연정을 느끼고, 형언할 수 없을 만큼 깊이 마음이 흔들리며, 잠시라도 떨어지기 힘들어지지. 그리고 한평생 함께 변함없이 사는 사람들은 이러한 사람들일 게야. (134쪽)

조금 전까지 끊임없는 딸꾹질에 입을 다물고 있던 아리스토파네스가 이런 이상적 사랑을 말하는 것, 그것이 『향연』의 유쾌한 점이다.

3

정감 넘치고 기발하며 유쾌한 아리스토파네스의 이야기가 끝난 뒤, 축하 잔치의 주최자 아가톤이 다섯번째로 발언하고, 마지막에 소크라테스가 전체를 빈틈없이 살펴 마무리하듯 발언한다.

아가톤의 이야기는 재미없다. 연극 콩쿠르에서 우승한 비극시인치고는 이야기에 문학성이 떨어진다. 그의 이야기는 진지한 어조로 에로스

신이 외형으로 보나 내면의 아름다움으로 보나 신들 중에서 가장 아름답고 가장 고귀한 존재라고 찬미하는 데서 그쳤고, 별다른 게 없었다.

소크라테스의 발언은 우등생다운 아가톤의 찬사를 뒤집어엎는 데서 시작된다.

무언가를 사랑하고 찾는 자는 사랑하고 찾는 대상이 제 안에 결여되어 있기 때문에 사랑하고 찾는다. 그러므로 그가 사랑하고 찾는 그 대상은 결코 추한 것이 아니라, 정녕 아름답고 선한 것이다. 거꾸로, 사랑하고 찾는 쪽인 에로스 신은 아름답고 고귀하다고 말할 수 없고, 오히려 아름다움과 고귀함이 결여된 신일 수밖에 없다, 이렇게 말한다.

그것을 신화적으로 표현하면 이렇다. 풍요의 신 포로스를 아버지로 두고, 빈곤의 신 페니아를 어머니로 둔 에로스는,

> 거칠거칠한 피부에, 꾀죄죄하며, 맨발에 거처할 집도 없는 자, 늘 이부자리도 없이 땅바닥에서 등걸잠을 자고, 하늘 밑, 문가나 길섶에 누웠으니, 어머니를 닮아 언제나 빈핍貧乏했기 때문입니다.
>
> 그러나 한편으로 아버지의 피를 받아, ……아름다운 것과 좋은 것을 노리는 자, 용기 있고, 씩씩하고 날째게 일을 처리하며, 열심히 노력하는 자, 무시 못할 사냥꾼, 늘 무언가 책략을 꾸미는 자, 일평생 앎을 사랑했던 자, 뛰어난 마술사, 그리고 소피스트였습니다.
>
> (155쪽)

에로스 신의 꾀죄죄함·꼴사나움·비참함, 에로스 신이 지닌 용기·씩씩함·책략·궤변·향상심·광기는 말할 것도 없이 사랑에 빠진 인간의 꾀죄죄하고 꼴사납고 비참한 모습의 투영投影이고, 사랑에 빠진 인간이 지닌 용기와 책략 따위의 투영이다. 사랑은 번지르르한 말로는 해결되지 않는다. 그 사실을 확실히 짚어두는 데서 소크라테스의 에로스론은 출발한다.

꾀죄죄하고 꼴사나운 동시에 씩씩하고 과감하며 책략과 궤변을 오가는, 광기가 묻어나는 사랑에서 이야기를 시작했다고 치고, 그 다음에는 어떻게 되는 걸까. 그뒤로 좀더 아래로 내려갈 것인가, 아니면 위로 올라갈 것인가. 소크라테스와 플라톤도 '사랑이란 좋은 것과 행복에 대한 욕망'이라 본, 고대 그리스 지식인의 환상을 공유하고 있었기 때문에, 아래로 내려가는 일은 있을 수 없었다. 광기가 묻어나는 사랑의 앞길을 생각한 소크라테스의 철학적 에로스론은 세속에 찌든 사랑이 어떻게 그 저속함을 극복하고, 아름답고 고귀한 사랑으로 상승하는지를 밝히는 방향으로 갈 수밖에 없었다.

도학자풍으로 논의를 펼치긴 하지만, 여러 갈래로 뻗친 욕망을 고찰하기 때문에, 그것을 '좋은 것과 행복'에 결부시키려 할 때면 예기치 않은 각도에서 욕망을 조명함으로써 논의가 신선하게 느껴진다.

예를 들면, 성욕과 그 연장선상에 있는 출산에 관한 논의.

죽어야만 하는 존재로서 이 세상에 있는 자에게 출산이란 영원히 살아 죽지 않는 방법입니다. 그리고 좋은 것을 바라고 더불어 죽지 않기를 바라는 것은 (죽어야만 하는 자에게) 필연적인 일입니다. ……죽어야만 하는 존재의 본성은 영원히 존재하며 죽지 않기를 될 수 있는 한 바라기 마련입니다. 다만 그것은 출생이라는 방법을 통해서만 가능합니다. (161~162쪽)

예를 하나 더 들면, 명예욕에 관한 논의.

인간이라는 존재는 유명해져서 '불멸의 명성을 길이 떨치기'를 애틋이 바라는지라, 과연 얼마나 무시무시한 심리상태에 빠지게 될까요. 또한 명성을 얻기 위해…… 온갖 위험을 무릅쓰고, 돈을 쏟아붓고, 갖은 수고를 마다하지 않으며, 게다가 명성을 위해서라면 목숨조차 버리지 않습니까. (163쪽)

성욕·출산과 명예욕 중에서는 무엇이 훌륭한 에로스일까. 소크라테스의 입장은 명쾌하여, 육체와의 연관이 적은 명예욕을 수준 높은 욕망(에로스)으로 간주한다. 이렇게 육체적인 욕망에서 정신적인 욕망으로 차례로 에로스의 서열을 밟아가면, 가장 높은 자리에는 아름다움 자체에 대한 에로스, 아름다움의 이데아에 대한 에로스가 놓여 있다.

하나의 아름다운 육체에서 두 개의 아름다운 육체로, 두 개의 아름다운 육체에서 모든 아름다운 육체로, 그리고 아름다운 육체에서 갖가지 아름다운 인간의 활동으로, 인간의 활동에서 여러 가지 아름다운 학문으로, 여러 가지 학문에서 아름다움 자체를 대상으로 삼는 학문으로 나아가는 것입니다. ……

한번 그 아름다움을 보게 되면, 황금이나 옷차림이나 세상의 미소년과 미청년 따위는 그에 비하면 아무것도 아니라는 생각이 들 것입니다. (168쪽)

'아름다움 자체를 대상으로 삼는 학문'은 다름아닌 철학을 가리킨다. 에로스론을 마무리하는 소크라테스의 이야기는 에로스를 찬미하는 것이 곧 철학을 찬미하는 것이 되는 지점에서 끝난다.

4

철학과 에로스가 그렇게 아무런 거리낌이나 삐걱거림도 없이 딱 붙어 있다고 말하는 것은 너무 지나친 감이 있다. 철학을 공부하는 이로서는 쑥스러울 법한 이야기다. 플라톤은 이런 이야기로 전체를 마무리하고서 쑥스럽지 않았을까.

소크라테스가 이야기를 마치자마자, 술에 취한 미청년 알키비아데스가 연회 자리에 뛰어들어온다. 그리고 술김에 소크라테스에게 구애의 말을 지껄인다.

이렇게 급박하게 이야기의 방향을 돌린 데는 쑥스러움을 감추려는 뜻도 있지 않았을까. 하여튼 알키비아데스가 체현體現한 에로스는 소크라테스의 인격에 강하게 끌리고 있기 때문에 철학과 무관하다고는 할 수 없지만, 그 내실內實은 명백히 생명력 넘치고 정열적인 육체적 에로스다. 소크라테스가 이야기를 마친 뒤 주정을 부린 알키비아데스를 보노라면 독자는 꿈에서 깨는 듯한 느낌이 들겠지만, 그 각성은 불쾌하지 않다. 예를 들어, 알키비아데스가 소크라테스에 대해 다음과 같이 말할 때, 그것이야말로 에로스의 목소리라는 생각이 든다.

이 사람〔소크라테스〕이 이 세상에서 없어져 제 눈에 띄지 않는다면 얼마나 좋을까 자주 생각한다. 그러나 그렇다고 해도, 만약 진짜로 그렇게 된다면, 분명 지금과는 비교할 수 없을 만큼 괴로워질 거라는 것도 잘 알고 있다. 그래서 이 사람을 어떻게 하면 좋을지 전혀 감을 잡지 못하겠다. (177쪽)

알키비아데스가 구애하는 말에 소크라테스는 꿈쩍도 하지 않았다. 느긋하게 앉아 조용히 술을 계속 마실 뿐이었다. 안달복달하는 알키비아데스와 끝까지 냉정한 소크라테스. 대조적인 두 사람의 모습에서 육체적인 에로스와 정신적인 에로스의 대비를 읽어내는 것은 쉬운 일이다. 하지만 그것은 풍취를 모르는 것이다. 플라톤이 신명나게 붓을 놀려 묘사하는 알키비아데스의 말과 행동을 독자도 즐겁게 따라가보는 편이 훨씬 낫다.

떠들썩한 술자리가 이어지다 이윽고 한 명 또 한 명 곯아떨어지고, 눈을 뜨고 있는 사람은 소크라테스 단 한 명뿐이다. 그러자 소크라테스는 일어나, 가만히 그 자리를 떠난다.

이 마지막 장면이 인상 깊다.

뿌리 깊은 서열의식

공자 『논어』

　태평양전쟁에서 패배한 이듬해(1946년)에 소학교에 들어갔고, 패전 직후의 교육환경에 푹 젖은 채 소년기와 청년기를 보낸 나는 한문에 익숙지 않다. 한문보다 영어나 프랑스어, 독일어가 훨씬 친숙하게 느껴지고, 중국 문학이나 사상보다 서양 문학이나 사상이 친근하게 느껴진다. 고교시절에 한문을 읽는 기초적인 방법을 배웠고, 『논어』의 유명한 구절 몇 대목이 교과서에 나와 있어 읽은 적은 있지만, 그 세계에 좀더 들어가보고 싶다는 마음은 일지 않았다.

　한문과 『논어』가 멀게 느껴지는 것은 그뒤로도 그다지 변하지 않았다. 그렇다고 하더라도 『논어』는 어찌됐든 사상의 고전이기 때문에, 철학도인 처지에 읽지 않을 도리가 없었다. 그래서 기회를 봐서 두세 번 통독했지만, 역시 친해지지 못했다. 때때로 나도 모르게 무릎을 칠 만한 명언에 맞닥뜨려 빙긋이 웃음 짓게 되는 재미있는 대목을 만나는 일도 없지는 않았지만, 전체를 흐르는 공기가 어딘지 낯설게 느껴졌다. 왜 그리되었을까. 거기서부터 생각을 풀어가기로 한다.

1

예전에는 한문이나 『논어』를 친근하게 느끼는 교양인의 시대가 있었다. 그렇게 먼 옛날의 이야기가 아니다. 예를 들면, 이번에 『논어』를 통독할 때 참고서로 크게 활용한 『세계의 명저 3: 공자·맹자』의 편역자 가이즈카 시게키 같은 경우는 그러한 시대를 산, 『논어』의 세계를 위화감 없이 자유로이 돌아다니는 사람이다. "내가 『논어』라는 책을 처음 배우기 시작한 것은 만 여섯 살, 소학교에 들어가기 1년 전 4월이었다"면서 들어가는 위의 책 해설문은 다음과 같이 이어진다.

허연 턱수염을 기른 할아버지 앞에 조심조심 앉아 책을 펼치자, 할아버지는 책상 맞은편에서 나무막대기로 한 자 한 자 짚어가면서 『논어』 본문을 독특한 어투로 읽어주셨다.
'논어 권卷 일一. 주희집주朱熹集註. 자子 가라사대, 배우고 때때로 그것을 익힌다, 또한 기쁘지 아니하랴.'

이런 식으로 할아버지를 따라 서너 번 큰 소리로 되풀이해서 읽으면, 마지막에 내가 손가락으로 글자를 짚으며 읽게 하셨고, 그것을 마치면 수업이 끝났다. 다음날 밤에는 전날 배운 것을 스스로 두세 번 읽고, 무사히 틀리지 않고 읽기를 마치면, 다음 대목으로 넘어가는 식이었다. ……

이렇게 읽는 방식을 '소독素讀'*이라 하는데, 옛날 한학漢學 서당에서는…… 모두 소독으로 처음부터 끝까지 암송할 때까지 읽게 할 뿐, 의미를 구어로 풀이하는 일은 거의 없었다. (7~8쪽)

이렇게 가르치고 배우는 방식은 이 책이 쓰인 무렵(1966년)에는 더 이상 찾아볼 수 없었겠지만, 가이즈카 시게키는 이제는 사라진 소독에 대한 유년의 추억을 회상하는 한편, 『논어』의 교육법으로서 그것이 지닌 의의를 평가하고 있다.

그래, 『논어』에는 그렇게 읽는 방법, 그렇게 배우는 방법이 있었고, 그것이 이 책에 어울릴지도 모르겠군, 하는 생각이 들기는 한다.

노인과 어린아이가 마주앉아 『논어』를 소독할 때의 특징을 짚어보자.

우선 눈에 들어오는 것은 책에 대한 깍듯한 경의敬意다.

가타카나와 히라가나밖에 모를 여섯 살 꼬마 앞에 갑자기 한자만 적혀 있는 책이 놓이고, 할아버지는 왠지 주문을 외는 것과 비슷하게 소

---

* (특히 한문으로 된) 책을 내용은 일단 제쳐두고 글자만을 소리내어 읽는 것을 뜻한다.

리내어 거듭 읽고, 꼬마는 충실히 할아버지를 따라 소리내어 읽는다. 가르치는 이는 눈앞에 놓인 책이 비길 데 없는 명저라 생각하기 때문에 그렇게 가르칠 수 있고, 배우는 꼬마는 꼬마대로 자세를 바로잡고 거듭 소리내어 따라 읽는, 무엇인가 어려운 글자가 늘어서 있는 눈앞의 책을 보물처럼 귀중한 것으로 여기지 않을 수 없다. '소독'은 의식적으로든 무의식적으로든 『논어』라는 것을 아득히 우러러보아야 할 책으로 밀어올리는 행위였다.

책에 대한 경의는 책에 적힌 '공자와 그 제자들의 언행'에 대한 경의로 곧장 이어진다.

훌륭한 책에 적혀 있는 것은 훌륭한 사람의 훌륭한 말과 행동이라고 생각하는 것도 자연스러운 일인지라, 소독에 익숙해져 그 의미를 조금씩 알게 되면 거기에 적혀 있는 언행의 훌륭함도 어슴푸레하게나마 감지했을 게 틀림없다. 『논어』는 성립된 경위부터가 '스승과 스승을 둘러싼 집단의 언행'을 제자(혹은 제자의 제자에 해당하는 이)들이 깊이 존경하는 마음으로 기록하여 남긴 것을 집성集成한 책이니 말이다. 그 점에서 『논어』는 『신약성경』과 얼마간 닮은 구석이 있다.

소독의 또 한 가지 특징이라 할 수 있는 것은, 그렇게 가르치고 배우는 관계가 가르치는 쪽에 대한 경의를 전제로 성립되고, 또 가르치는 쪽에 대한 경의가 강화될 수밖에 없으리라는 점이다.

경의를 매개로 하여 가르치고 배우는 관계, 즉 예부터 '사제관계師弟關係'라 불러왔던 바로 그것이다. 『논어』는 '사제관계'가 구석구석 스며 있는 책이고, 그 책에 경의를 품고 다가가는 선생과 학생이 자신들 또한 사제관계에 익숙해지는 것은 이해하기 쉬운 일이다. '자子 가라사대'로 시작되는 말은 대개 공자가 그때그때 제자들에게 한 말인데, 그것을 소리내어 읽을 때, 선생은 공자를 대변하는 사람의 자리에 몸을 두고, 학생은 공자의 말을 듣는 제자의 자리에 몸을 두는 것은 매우 자연스런 마음의 움직임이라고 생각한다.

이상의 세 가지 경의(책에 대한 경의, 등장인물에 대한 경의, 가르치는 이에 대한 경의)는 보기에 따라서는 '아름답다'고 형용할 수도 있다. 하지만 사람이든 문물文物이든, 나는 저편에 있는 것에 대해 우러러보는 경의를 일상에서도 품고 싶지 않고, 더구나 학문의 세계에서는 품고 싶지 않다고 생각하며, 품을 필요가 있다고 생각하지도 않는다. 물론 나에게도 경의를 품는 철학서가 있고, 존경하는 철학자가 있긴 하지만, 그것은 비판과 대결과 격투를 거쳐 자라난 경의이고 존경이지, 그 앞에서 감히 몸을 굽히지 않을 수 없는 그러한 경의는 아니다. 일상의 사귐도 그렇지만, 사상서나 사상가에 대해서도 이쪽이 등을 꼿꼿이 펴고 제대로 서는 것이 우선은 사귐의 기본일 테다.

그렇게 생각하는 내게 『논어』는 경의를 강요하는 성가신 책이다. 설교하기를 좋아하는 주제넘은 책이라 생각한다. 모처럼 명구나 금언을 만나도 설교투가 흠집을 내고 있다는 생각이 들곤 한다.

예를 들어 『논어』 첫머리의 한 구절은,

남이 알아주지 않아도 노여워하지 않는다, 또한 군자가 아닌가.

（人不知而不慍, 不亦君子乎）

"남이 인정해주지 않아도 마음에 두지 않는다. 참으로 그윽한 인품이 아닌가." (59~60쪽)

로 끝난다. 좋은 끝맺음이다.

누구에게나 자신의 좋은 점을 남들이 인정해주기를 바라는 마음이 있다. 특히 아이들이 그런 마음이 강하다. 하지만 사람들은 내가 생각한 만큼 나를 인정해주지 않는다. 내가 나에게 관심을 갖는 만큼 사람들은 나에게 관심을 갖고 있지 않다. 사람들과 자꾸 사귈수록 점점 더 그 사실을 알게 되고, 남에게 인정받는 것에 그다지 집착하지 않게 된다. 거기서 인품의 그윽함이 생겨난다.

위 인용문의 말은 그렇게 읽을 수 있다. 그렇게 읽으면, 살아 있는 지혜를 조용히 일러주는 느낌이 들어 편안하게 받아들일 수 있다.

그런데 「제1편 학이學而」의 마지막에서 다음과 같은 구절을 만난다.

남이 나를 알아주지 못함을 근심치 말고, 남을 알아주지 못함을 근심할지니라.

（不患人之不己知, 患不知人也）

"남이 나를 인정하지 않는 것은 문제가 아니다. 내가 남을 인정하지 않는 것이 문제다." (71쪽)

남이야 인정을 하든 말든 아무래도 좋다, 이렇게 딱 잘라 말할 수는 없는 모양이다. 남이 인정하는지 여부가 마음에 걸리니까, 자기를 뒤돌아보고 '남을 인정하지 않는 것이 문제'라는 식으로 말한다. 남에 대한 것이든 나에 대한 것이든 '좋은 점을 인정을 하든 말든 그건 아무래도 좋다'는 말이 아니라, '남에게 나의 좋은 점을 인정받지 못한 것은 제쳐두더라도, 내가 남의 좋은 점을 인정하지 않는 것은 군자답지 못하다'는 말인 듯하다. '남을 알아주지 못함을 근심하라(患不知人)'고 말한 공자는 자기 자신을 '남을 알아주는(知人)' 군자라고 생각하고 있었을까.

나는 이런 짤막한 말에서 설교투를 느낀다.

2

경의의 강요와 관련해서 좀더 말하자면, 『논어』에는 스승과 제자, 또는 군자와 소인을 상하관계로 순위를 매기려는 사고법이 깊이 뿌리박혀 있다. 순위를 매기려는 의식이 존재한다는 인상을 강하게 풍기는 대목을 몇 개 뽑아보자.

백성은 말미암게 할 만하고, 알게 할 만하지 않다.

(民可使由之, 不可使知之)

"인민은 따르게 할 수는 있지만, 왜 따라야 하는지 그 이유를 알

게 하기는 어렵다.” _(제8편 태백泰伯)

그 지위에 있지 아니하면 그 정치를 꾀하지 아니할지니라.

(不在其位, 不謀其政)

“책임 있는 지위에 있지 않을 경우, 정치에 대한 일을 논의해서는

안 된다.” _(제8편 태백泰伯)

군자는 상달하고, 소인은 하달한다.

(君子上達, 小人下達)

“군자는 점점 고급스런 것을 알게 되지만, 소인은 점점 저급한 것

을 알게 된다.” _(제14편 헌문憲問)

군자는 그것을 자기에게 구하고, 소인은 그것을 남에게 구하느니라.

(君子求諸己, 小人求諸人)

“군자는 제 안에서 찾지만, 소인은 남에게서 찾는다.” _{(제15편 위령}

_{공衛靈公)}

나면서 아는 자는 상上이다. 배워서 그것을 아는 자는 버금이다.

괴롭게 그것을 배움은 또 그 버금이다. 괴롭게 배우지 아니함은 백

성으로서 이것을 하下로 삼는다.

(生而知之者上也, 學而知之者次也, 困而學之, 又其次也, 困而不學, 民斯爲下矣)

"나면서부터 알고 있는 사람은 으뜸이다. 학습하여 아는 사람은 그 다음이다. 어려움을 무릅쓰고 공부하여 학습하는 사람은 또 그 다음이다. 어려움을 무릅쓰고 하는 공부도 할 수 없는 것이 인민人 民이고, 이를 꼴찌로 삼는다." (제16편 계씨季氏)

가이즈카 시게키는 공자를 마음이 넓은 사상가라고 생각하기 때문에, 현대어역은 될 수 있는 한 차별적 관점이 드러나지 않게 신경써서 번역했지만, 아무리 신경을 써서 번역해도 '백성(民)'이나 '소인'을 공자가 낮추보는 듯한 태도로 임하고 있다는 느낌은 지우기 어렵다. 공자만 새삼스레 비난하는 것은 확실히 공정하지 않다. '백성'이나 '소인'을 낮게 보는 것은 공자가 살았던 시대의 '무의식적 기층을 이루는' 인민관人民觀이고 소인관小人觀이었을 테니까. 그러나 그러한 시대풍조에 편승하여 '높은 곳에서 내려다보며 인민이나 소인에 대해 이러쿵저러쿵 비판하는 듯한 언사를 늘어놓는 것'은 사상가로서 배워둘 만한 태도라고는 생각하기 힘들다.

제자들을 데리고 일파一派를 이루며 일국을 통치할 생각을 품은 사상가가 인민이나 소인과 어깨를 나란히하고 살기는 어려웠을 것이다. 인민이나 소인에게 다가가려 해도 쉽사리 다가갈 수 없었을 것이다. 하지만 그런 처지였다 하더라도, 사색의 차원에서는 소인이나 인민과 대등한 입장에 몸을 두고, 자기와 같은 인간을 거기에서 보고, 동위동격同位同格의 존재로 마주서는 것은 가능하다. 그것이 '사상의 힘'일 것이다.

공자의 차별적 인민관·소인관에는 그렇게 우리에게 육박해오는 사상적 자극이 별로 느껴지지 않는다. 사회를 보는 공자의 눈은 그다지 시야가 크지 않았다고 말할 수밖에 없다. 공자의 전기에 따르면, 덕치정치의 이상을 좇았던 그의 생애는 정치적으로 잘 풀리지 않았던 모양인데, 정치적인 불우함과 좌절도 공자의 사상을 인민이나 소인에게 다가가게 만들지는 못한 듯하다. 중국에서는 한대漢代에 그러한 공자를 개조開祖로 하는 유교를 정통교학正統敎學으로 삼아 국교화國敎化했고, 이후 청나라 말까지 왕조지배의 체제교학體制敎學이 되었다고 한다. 지배자나 군자 입장에서는 편리했을지도 모르지만, 인민이나 소인 처지에서 보면 행복한 사태였다고 생각되지는 않는다.

3

『논어』에 드러난 공자의 의식을 보면, 스승인 자신과 제자들 사이에도 명확히 상하 서열이 있었다. 자신은 어디까지나 가르치는 쪽이고, 제자들은 가르침을 받는 쪽이었다. 제자 한 명 한 명에 대해 공자는 그 개성을 예리하게 관찰하고 개성에 따른 배려도 보여주지만, 관찰이든 배려든 스승의 위치에서 이루어지는 관찰이고 배려이지, 상대를 대등한 인격으로 여긴 뒤 이루어진 것은 아니었다.

그런 사제관계 아래서는 참된 의미의 대화는 성립되지 않는다. 발언자를 괄호 안에 집어넣고, 말과 말이 격렬하게 부딪치는 일은 없다. 스승이 제자를 평한 말이나, 스승과 제자 사이에 오간 문답은 사상의 말로서 뭔가 박력이 부족하다는 느낌이 든다.

하지만 개중 전혀 불만 없이 읽히는 대목이 없는 것도 아니다. 어쩔 수 없이 불우한 생애를 보냈던 한 사상가의 말로 거부감 없이 받아들일 수 있는 대목을 몇 군데 인용하기로 한다. 공자의 부정적인 면만을 지나치게 강조한 앞서의 인용을 보충하는 의미로.

예를 들면,

> 자子, 남자南子를 보셨다. 자로가 기뻐하지 아니하였다. 부자께서 이에 맹세하여 가라사대, 내 좋지 않은 바라면 하늘이 버리시리라, 하늘이 버리시리라.
>
> (子見南子. 子路不說. 夫子矢之曰, 予所否者, 天厭之, 天厭之)
>
> "선생님께서 남자南子를 만나셨다. 자로는 납득할 수 없어 툴툴거렸다. 그러자 공자께서는 자로에게 맹세하셨다.
>
> '내게 만약 잘못이 있다면, 하늘이 벌을 내리실 것이다. 하늘이 벌을 내리실 것이다.'" (제6편 옹야雍也)

남자南子는 위나라 군주 영공靈公의 부인으로, 미모와 스캔들로 이름난 사람. 그 사람을 공자가 만났다. 그 만남이 있은 뒤, 공자가 남자에게 매혹되었다는 소문이 퍼졌고, 우직하고 솔직한 제자 자로가 툴툴거렸다.

그러자 공자가 자신은 결코 나쁜 짓을 하지 않았다고 변명했다는 이야기다.

공자에게도 꺼림칙한 데가 있어, 스승으로서의 권위를 유지하기 어려웠으리라. '하늘(天)'을 들고 나온 것은 조금 호들갑스럽지만, 공자가 당황하는 모습이 그 맹세의 말에 드러나고 있는 건지도 모른다.『논어』에서 유일하게 찾아볼 수 있는 '정사情事에 관련된 이야기'라고 할 만한 대목에서 공자의 맨얼굴을 읽어낼 수 있는 것 같아 유쾌하다.

사제관계에 얽매이지 않는 발언을 또 한 대목 들어보자.

섭공이 공자를 자로에게 물었다. 자로가 대답하지 않았다. 자子가라사대, 네 어찌 가로되, 그 사람됨이 분憤을 발하여 먹기를 잊으며, 즐거워서 근심을 잊어, 늙음이 장차 이르려 함을 알지 못한다, 아니하였느냐.

(葉公問孔子於子路, 子路不對. 子曰, 女奚不曰, 其爲人也, 發憤忘食, 樂以忘憂, 不知老之將至云爾)

"섭공이 공자에 대해 자로에게 물었는데, 자로는 아무런 대답도 하지 않았다. 이 일을 듣고 선생께서 말씀하셨다.

'너는 왜 말해주지 않았느냐. 그 인물 됨됨이가 흥분하면 밥 먹는 것도 잊고 일에 몰두하며, 재미를 느끼면 걱정거리를 잊고 열중하여, 늙음이 다가오는 것도 모르는 사람이다, 다만 그런 사람일 뿐이라고.'" (제7편 술이述而)

여기서 공자는 제자 자로에게 무언가를 말했다기보다 스스로에게 제 삶의 방식을 확인하려 하고 있다. 말은 독백에 가까워, 굳이 대화라는 말을 붙인다면 남과의 대화라기보다 자기와의 대화에 가깝다. 자기와의 대화에서 서로 마주한 자기와 자기는 대등한 존재일 뿐이고, 그것이 공자의 말을 자연스럽게 빛나게 하는 듯한 느낌이 든다.

그것은 좀더 일반화하여 말할 수 있을지도 모른다. 『논어』에서 가슴을 울리는 것은 독백에 가까운, 자기와의 대화에 가까운 말이라고.

깊이 아꼈던 제자 안연의 죽음을 두고 한 말이 가장 그렇다고 할 수 있다.

> 계강자가 물었다, 제자 누가 배움을 좋아합니까. 공자가 대답하여 가라사대, 안회라는 자가 있어, 배움을 좋아했지만, 불행히 단명하여 죽었습니다. 이제는 없습니다.
>
> (季康子問, 弟子孰爲好學. 孔子對曰, 有顔回者好學, 不幸短命死矣, 今也則亡)
>
> "계강자 나으리께서 물으셨다.
>
> '제자 중에 누가 가장 학문을 좋아한다고 생각하십니까?'
>
> 공자께서 대답하셨다.
>
> '안회라는 이가 있었습니다. 학문을 좋아했지만, 딱하게도 젊어서 죽었습니다. 지금은 이제 학문을 좋아하는 이가 없습니다.'" (제11편 선진先進)

안연이 죽었다. 자子 가라사대, 아아, 하늘이 나를 망치셨다. 하늘
이 나를 망치셨다.

(顏淵死. 子曰, 噫. 天喪予. 天喪予)

"안연이 죽었다. 선생께서 말씀하셨다.

'아아, 하느님께서 나를 망치시는구나. 하느님께서 나를 망치시는
구나.'" (상동上同)

안연이 죽었다. 자子 곡하여 통慟했다. 종자 가로되, 자 통하시더
이다. 자 가라사대, 통함이 있었느냐. 저 사람을 위해 통치 아니하고
뉘를 위해 통하리오.

(顏淵死. 子哭之慟. 從者曰, 子慟矣. 曰, 有慟乎. 非夫人之爲慟而誰爲)

"안연이 죽었다. 문상하러 가신 선생은 영전에서 큰 소리로 울부
짖으며 몸부림치다 쓰러지셨다. 댁에 돌아가시고 나서 종자가 아뢰
었다.

'선생님은 아까 몸부림치며 울다 쓰러지셨습니다.'

선생께서 말씀하셨다.

'그랬느냐. 그 사내를 위해 몸부림치며 울다 쓰러지지 않는다면,
대체 누구를 위해 몸부림치며 울다 쓰러지겠느냐.'" (상동)

이런 글에서는 전혀 설교 냄새가 나지 않는다. 진지하게 깊이 죽음을
슬퍼하는 모습이 드러나 있을 뿐, 독자에게 무언가를 강요하는 구석이

없다. 이런 공자라면 사상적으로 다가가기 어렵지 않을 것 같다는 느낌이 든다.

간결한 표현 속에 깊은 생각이 담긴 말을 읽으면, 공자의 그 밖의 많은 말도 '독백 혹은 자기와의 대화'로 떼어내 읽을 수 있지 않을까 하는 생각이 문득 가슴 한구석을 스치지만, 한문에도 중국사상에도 익숙지 않은 나는 그렇다고 단언할 만한 자신이 없다. 그렇게 단언하려면, 전통적인 『논어』 독법에서 해방되는 것이 필수조건이라는 것은 알겠지만.

역사의 안쪽을 보는 눈
막스 베버 『프로테스탄티즘의 윤리와 자본주의 정신』

막스 베버의 『프로테스탄티즘의 윤리와 자본주의 정신』을 처음 손에 잡은 것은 대학생 때였다. 그 책을 읽고 학문의 굉장함을 알았다.

주제는 16~17세기 유럽 사회의 움직임이었는데, 거대하게 굽이치는 역사의 굴곡을 단단히 움켜쥐면서도 결코 세부를 소홀히 하지 않는 이론의 강인함, 다종다양한 문헌사료에서 글의 흐름에 딱 맞은 대목을 적확하게 끌어오는 산뜻한 솜씨에 혀를 내둘렀다. 밤낮으로 혼신의 힘을 다해 연구에 몰두하는, 조금은 무섭기까지 한 학자의 모습이 떠올랐다.

그뒤 몇 번인가 이 책과 마주할 기회가 있었는데, 읽는 방법에 변화가 생기긴 했어도 학문은 굉장한 것이라는 인상을 남긴다는 점은 바뀌지 않았다.

1

『프로테스탄티즘의 윤리와 자본주의 정신』에서 베버가 두드러지게 중시하는 말이 독일어 'Beruf', 일본어로 '직업' '사명' '천직' 등으로 번역되는 단어다. 신을 믿고 숭배하고 두려워하는 성스러운 생활과, 일정한 지역에서 다양한 인간관계를 맺으며 나날을 보내는 세속적인 생활이 바로 'Beruf'(직업·사명·천직)라는 단어 아래에서 강하게 묶인다고 베버는 생각했다. 성스러운 생활과 세속적인 생활이 그렇듯 강하게 결부된 것은 프로테스탄티즘의 윤리로 인한 것이었고, 그 이전에는 없었던 일이라고 베버는 말한다.

'무슨 근거로 그렇게 말할 수 있는가' 하는 독자의 의문에 베버는 장대한 주를 통해 대답한다.—히브리어에는 'Beruf'와 어감이 비슷한 말이 있었지만, 그 어감은 고대에 소멸해버렸다. 그리스어나 라틴어에도 'Beruf'와 비교할 수 있는 말은 없다. 라틴어의 'opus'나 'officium' 'munus' 'professio' 'ars'는 부분적으로 닮은 데가 있지만 어느 단어나 종교적 색채가 없다는 점에서 'Beruf'와 근본적으로 다르다. 라틴 계열에 속하는 나라들의 언어 중에서 스페인어의 'vocacion'만은 종교적 의미가 있지만, 거꾸로 그 단어는 세속의 '직업'을 가리켜 사용되지 않았다. ……

이 주의 다음다음에 나오는 좀더 장대한 주는 "사전들에서 입증되듯이, 또한 내 동료인 빌헬름 브라우네*와 요한네스 호프스**가 친절하게 가르쳐주었듯이, 루터가 성경을 번역하기 전에는 독일어 'Beruf', 네덜란드어 'beroep', 영어 'calling', 덴마크어 'Kald', 스웨덴어 'Kallelse' 같은 단어는 어느 나라에서든 현재 사용되는 것처럼 세속적인 의미로는 결코 사용되지 않았다"(164쪽)는 문장으로 시작하여, 성경 번역어에 대해 자세히 고증하고 있다. 'Beruf'와 어떻게 같고 다른지를 검토한 독일어 단어는 'Ruf'(부르심, 초빙, 소환), 'Ruff', 'Berufung'(부름 받음, 임명), 'Arbeit'(노동), 'Stand'(신분), 'Geschäft'(업무, 일)*** 등이다. 또한 독일어 역 성경에서 참조한 책은 고린도전서·에베소서·데살로니가후서·히브리서·베드로후서·시락서**** 등이다.

단어를 따라가기에도 벅차 '정말이지, 한가한 인간의 소일거리에 고답적인 놀이'라고 한 소리 한 뒤 집어던지고 싶어질 정도인데, 널리 조사하고 깊이 파고든 결과, "프로테스탄트 성경번역에서 강한 영향을 받은 여러 언어들이 모두 이 말〔'Beruf'에 해당하는 말〕을 만들어낸 반면, 영향을 받지 않았던 (라틴 계열) 언어는 그것에 해당하는 단어가 없거나, 혹은 있다 해도 오늘날과 같은 의미로는 사용되지 않았다"(164쪽)든지, "루터의 이 시락서 구절 번역이야말로 내가 아는 한, 독일어 'Beruf'가 오늘날처럼 순수하게 세속적인 의미로 사용된 최초의 경우"(165쪽)라는 강

---

* 1850~1926. 독일의 독일어문학자.
** 1865~1949. 독일의 영어영문학자.
*** 원문에는 이 독일어 단어들에 대한 일본어 해석이 없다. 한국어 해석은 김덕영 역 (도서출판 길, 145~151쪽)을 참조했다.
**** 『성경』의 책명 번역은 대한성서공회 성경전서(1985년)를 따랐다.

력한 단정의 말이 등장하는 것을 보면, 읽는 쪽도 옷깃을 여미지 않을 수 없다.

그러나 주는 어디까지나 주다.

본문에는 어떠한 단정의 말이 등장하는가. 이제부터 본격적인 논의가 시작된다고 하는 「제2장 금욕적 프로테스탄티즘의 직업윤리」 첫머리의 한 구절을 인용한다.

> 역사에서 금욕적 프로테스탄티즘의 담당자는 네 부류가 있었다. (1)칼뱅주의가 서유럽의 주요 전파지역에서, 특히 17세기에 취한 형태, (2)경건주의, (3)감리교, (4)재세례파 운동에서 발생한 여러 교파다. (179쪽)

이어지는 글에서 이 네 부류에 대해 각각의 금욕방법과 직업관을 추적하는데, 그 논의를 보아도, 또 제2장에 이르기까지의 논의를 보아도 네 부류의 금욕적 프로테스탄티즘으로 지정한 것이 적당히 떠올린 생각이거나 독단, 허술한 호기에서 나온 것이 아니라, 깊은 학식이 뒷받침된 단정임을 납득할 수 있다. 네 부류로 헤아리면 절대로 틀리지 않는다는 것은 아니지만, 베버의 역사연구는 그의 연구결과에 이의를 제기하려면 얼마만한 근거를 갖추어야 하는지도 일러준다. 그의 학문은 그만큼 굉장하다.

2

그것만이 아니다.

성경이나 『신곡』(단테), 『기독교인의 자유』(루터), 『그리스도교 강요綱要』 (칼뱅) 같은 이름 높은 책을 비롯하여, 저자의 이름이나 제목도 본 적이 없는 무명의 책에 이르기까지 온갖 사료를 헤치고 파고들면서도 베버의 주장은 수미일관, 흔들리는 법이 없다. 그가 쌓아온 사고의 무게를 느끼게 하는 지점이다. 사료를 해독하고 사색이 심화되는 과정에서 이 책의 기반을 이루는 다음과 같은 격렬하기 그지없는 '칼뱅의 기독교 사상'이 추출되어 나온다.

인간을 위해 신이 존재하는 것이 아니라 신을 위해 인간이 존재하는 것이고, 모든 사물은 신의 권위를 신 자신이 드러내 보이기 위한 수단으로서의 의미를 지닌 데 불과하다. 지상의 '정의'를 기준으로 신의 거룩한 섭리(功業)를 가늠하려 하는 것은 무의미할 뿐만 아니라 신의 권위를 침범하는 짓이다. 즉, 신이, 신만이 자유로우며, ……신이 인간으로 하여금 알게 하는 것이 좋다고 여기지 않는 한, 인간은 신의 의지를 이해하는 것도, 심지어 아는 것조차 불가능하다. ……모든 사물事物은—우리들의 개인적 운명이 갖는 의미를 포함하여—헤아려 알 수 없는 거룩한 비의秘儀 속에 감추어져 있어, 그것을 탐구하는 것은 불가능하며, 또한 불손한 짓이다. ……뛰어넘기 어려운 심연이 신과 신이 만든 모든 피조물 사이를 가로막고 있으며, 신이 권위의 영광을 드러내기 위해 다른 결단을 내리지 않는 한, 피조물은 영원한 죽음을 받아야 할 존재에 불과하다. 우리가 알 수 있는 것은 인류의 일부만 구원을 받고 나머지는 영원히 멸망하리라는 사실뿐이다. ……신의 결단은 절대적이고 변하지 않기 때문에, 신의 은혜는 한 번 그것을 받은 이들에게서 빼앗을 수 없고, 신에게 버림받은 자들은 절대로 그것을 얻을 수 없다. (184쪽)

전능하고 절대적인 신에 비해, 무력하고 무가치한 인간과 피조물들. 신의 자유와 인간의 예종隸從. 신의 권위와 인간의 비천함. 신의 영광과 인간의 비참함.

흔히 인류애의 종교 혹은 인간애의 종교라고들 하는 기독교와는 조금도 닮은 데가 없는 신의 모습이 여기에 있다. 신만이 자유로우며, 인간은 전혀 자유롭지 않다. 신과 인간은 심연에 의해 가로막혀 있고, 인간은 신을 이해할 수도 알 수도 없다. 인간에게 요구되는 것은 오로지 신에 대한 예속과 굴종뿐이다.

그것이 칼뱅 종교사상의 핵심을 이루는 것이라고 베버는 말한다. 그리고 그러한 종교사상이 바로 16~17세기 유럽 자본주의 발흥기에 자본주의 정신을 키웠다고 말한다.

서양사상사의 통념을 크게 벗어난 역사이해라고 말하지 않을 수 없다.

서양사상사의 통념에서 보면, 중세에서 근대로 옮겨가는 것은 신의 시대에서 인간의 시대로 옮겨가는 것이다. 역사를 근대로 향하게 한 큰 운동과 사상으로서 르네상스·종교개혁·근대철학·계몽사상 등을 거론하는데, 어느 것이든 피안에 있는 초월적인 신으로 향하는 사람들의 시선을 눈앞의 현실과 거기서 사는 인간에게로 돌리게 한 것이었다. 그것들의 공통점은 인간주의·합리주의·현실주의·진보주의 같은 말로 표현되는 사고방식이었고, 그것이 사회사상으로 나타났을 때는 인간의 자유를 무엇보다 중시했다. 그리고 자본주의라는 경제구조나 그 정신도 그러한 근대의 한복판에서 성립되어온 것이었다.

베버가 16~17세기 유럽사에서 읽어낸 사회사상은 그러한 통념과 크게 어긋났다. 베버는, 자본주의 정신을 키운 것은 인간의 자유를 희구하는 사회사상이 아니라, 신에 대한 절대복종을 요구하는 반인간·반자유의 종교사상이었다고 생각한다. 『프로테스탄티즘의 윤리와 자본주의 정신』은 서양사상사의 통념에 따라 쓰인 책이 아니라, 통념과 대결하고 통념을 무너뜨리려 하는 학술서였다.

종교개혁이 의미하는 바는, 교회가 인간생활을 구석구석까지 지배하던 것을 물리친 데 있는 것이 아니라, 이제까지 지배하던 형태를 별개의 다른 지배형태로 바꿔놓은 것에 불과하다는 것이다. 이제까지의 지배는 매우 느슨한 것이었고, 실생활에 대한 작용도 특히 강렬한 인상을 받을 만한 것이 아니었으며, 많은 경우 거의 형식적인 것에 불과했다. 반면에 새로 바뀐 지배는 무릇 모든 사적 생활과 공적 생활에 걸쳐 엄격하고 성실하게 복종하기를 요구하는 것이었다. ……16세기에는 제네바와 스코틀랜드를 지배했고, 16세기에서 17세기에 걸쳐 네덜란드의 대부분을, 17세기에는 뉴잉글랜드와, 한때는 영국 본토까지도 지배하고 있던 칼뱅주의의 권위는 오늘날의 우리가 보기에는 무릇 개인에 대한 교회의 지배형태에서 가장 견디기 어려웠던 것이라 생각된다. (125쪽)

신의 지배 아래 놓여 신분제 질서에 강하게 묶여 있던 사람들이 개인으로서의 제 존재에 눈뜨고, 내면의 자유를 자각하며, 바깥을 향해서도 제 자유와 자립을 관철하려 한다. 그것이 근대정신의 기본적 양상이었다면, 자본주의 정신을 키운 프로테스탄티즘은 근대정신의 일익을 담당하는 것이기는커녕 오히려 근대정신에 대한 반동이라 부르는 게 어울리는 것이었다. 그 반동으로부터 어떻게 근대적 자본주의 정신이 탄생했는가.

사고에 활기를 불어넣는 듯한 자극적이고 역설적인 물음이다.

그 답은 이렇다.

신앙이 '구원의 확실함'에 대한 확실한 기초가 되기 위해서는 객관적인 결과를 통해 입증되어야 한다. 신앙은 '효력이 있는 신앙'이어야 하며, 아울러 구원에 대한 소명召命은 '효력 있는 소명'이어야 한다. 더 나아가서 개혁파 사람들은 어떠한 결과를 통해 진실한 신앙을 확실히 식별할 수 있는가, 이렇게 묻는다면, 그 대답은 다음과 같다. 즉, 신의 영광을 드높이기 위해 기여하는 기독교인의 생활을 통해서라고. ……사람들은 선행이 직접 '구원을 위해 필요한 것'이라 말하고, '구원을 얻는' 조건이라고 말해왔지만, 이것은 결국 실천적으로는 다음의 사실을 의미한다. 즉, 신은 자기를 돕는 자를 돕는다는 것이다. ……칼뱅주의자는 제 자신의 구원을―정확하게는 '구원의 확신을'이라고 해야겠지만―스스로 '창조하는' 것이다. (192~193쪽)

루터가 내면의 심정에 관심을 기울인 데 비해, 칼뱅주의는 '객관적인 결과'를, '효력 있는 신앙'을, '선행'을, '자기를 돕는' 것을 추구했다.

신의 은혜를 입을지 신에게 버림받을지는 오직 신에게 달려 있다고 보면서, 이 세상에서 선행을 쌓음으로써 신에게 구원을 받는다는 확신을 얻을 수 있다고 말한다. 관념적으로밖에 존재할 수 없는 신과의 관계가 구체적인 것(현실의 행위)과 직접 결부된다. 거기에 칼뱅주의의 강렬한 실천적 성격이 있었다.

'저 세상은 저 세상이고 이 세상은 이 세상'이라고 단호하게 구분하는 것은 더 이상 허용되지 않았다. 종교와 현실생활이 격렬하게 맞부딪쳤다. 종교가 현실생활을 엄격하게 규제하고, 현실생활이 짙은 종교적 의미를 띠기 시작했다.

칼뱅주의자에게는 ……가톨릭 신도나 루터파 신도와 달리, 제 연약함과 무분별 속에서 보낸 시간을 다른 고상하고 착한 마음으로 보낸 시간으로 메우는 것조차 허용되지 않았다. 칼뱅주의의 신이 그 신도들에게 요구한 것은 개개의 '선업善業'이 아니라, 선행을 하도록 잘 조직된 생활, 말하자면 행위를 통한 구원이었다. ……'성도聖徒'의 생활이란 초월적 목표, 즉 구원을 한결같이 추구하는 것이었다. 그렇지만 바로 그것 때문에 현세의 생활은 완전히 합리화되고 현세에 신의 영광을 드러낸다는 관점이 지배했다. '모든 것은 신의 영광을 드높이기 위하여'라는 입장을 그들만큼 성실하게 생각한 이들도 일찍이 없었다. (194~195쪽)

이런 마음을 지닌 성도聖徒가 자기 경제활동을 '현실생활'로 파악했을 때, 거기에서 다름아닌 자본주의 정신이 탄생했다. 그것은 자기가 종사하는 직업을 신이 내려준 천직이라 여기고, 직업을 합리적으로 영위하여 더 많은 이윤을 창출하는 것이 신의 영광을 드높이는 일이라고 생각한 정신이다. 인간의 다양한 활동에서 특별히 고귀하고 고상하다고 여겨지지 않던 영리활동이 신의 영광과 결부됨으로써 신성한 의무의 차원으로 격상되었던 것이다.

3

그러나 천직으로 삼아 영리활동에 힘쓰려면 자기를 엄격히 규율할 필요가 있고, 엄격하게 규율하고 있다는 사실을 자각할 필요가 있었다. 그런 자세를 베버는 '세속적 금욕'이라 표현했다. 이익을 얻는 것은 욕망을 위해서가 아니라 금욕하기 위해서였다.

> 프로테스탄트의 세속적 금욕은 억제하기 힘든 소유의 쾌락을 전력을 다해 억눌러 소비, 특히 낭비를 싹 없애버렸다. 세속적 금욕에 따른 심리적 효과는 재화의 추구를 전통적 윤리의 억압에서 해방시키고, 이윤추구를 합법화했을 뿐만 아니라, 그것을 신의 직접적인 의지로 여김으로써 그 질곡을 타파한 것이었다. ……'육체적인 욕망과 사물에 대한 집착'에 대한 투쟁은 결코 합리적인 영리추구와의 투쟁이 아니며, 부를 비합리적으로 사용하는 것에 대한 투쟁이었다. (227쪽)

베버는 프로테스탄티즘의 윤리와 자본주의 정신이 16~17세기 유럽에서 이러한 형태로 결부되었다고 말한다. 말할 것도 없이, 그것과 크게 다른 자본주의 정신―19세기 후반에서 20세기에 이르는 자본주의 존재양태―을 목격하고서 한 발언이었다.

베버가 직면하고 있었던 것은, 이미 산업혁명을 끝내고 대량생산 방식을 확립했으며 새로운 시장을 찾아 해외에 무력으로 진출하여 이곳저곳에서 식민지쟁탈전을 벌이는 제국주의 단계의 자본주의다. 자본주의 정신은 제국주의 단계의 자본주의 속에서도 숨을 쉬긴 했지만, 그것은 프로테스탄티즘의 윤리를 기둥으로 삼은, 300년 전의 정신과는 질을 달리하는 것이었다.

눈앞의 자본주의와 그 정신에 관해서 이 책은 거의 언급하지 않는다. 하지만 동시대의 사회와, 거기에 퍼져가는 정신에 대해 베버가 위기감을 느끼고 있었음은 의심의 여지가 없고, 그 위기의식이 역사분석의 논법을 더욱더 날카롭게 만들었다고 할 수 있겠다.

그로부터 다시 100년의 세월이 흘렀다.

자본주의도, 자본주의 정신도 더욱 달라졌다. 서양세계에서 일어난 자본주의는 사회주의와의 대결을 거치며 이제는 아시아·아프리카·라틴아메리카 같은 후진국 세계도 뒤덮으려 하고 있다. 그것은 이제 '세속적 금욕' 같은 종교윤리와는 거의 무관한 것으로 변모하고 있다. 더 나아가 금욕의 대극對極에 있는 '소유의 쾌락'이나 '소비, 특히 낭비'와 굳게 손을 잡은 것이 지금 우리들이 보는 자본주의다. 극동에 자리잡은 나라에 사는 우리들도 그 소용돌이의 한복판에서 크든 작든 자본주의 정신을 공유한 채 나날을 보내고 있지만, 거칠게 말해서, 소유의 쾌락이나 낭비가 일상의 생활윤리로서 그렇게 나쁜 것이라고는 생각하지 않는다. 생산자의 태도를 보아도, 제 직업을 천직이라 여기는 의식은 남김없이 사라지고, 이윤추구를 그 자체로 가치 있는 것이라 여기게 되었으며, 소비자의 욕망을 부추겨 소비를 부채질하는 것을 제 직무로 여기고 있는 것처럼 보인다.

자본주의 정신의 이러한 변모는 16~17세기에서 21세기에 이르는 근대사상사의 중요한 한 국면을 이룬다. 어떤 '현실의 힘과 관념의 힘'이 이리 바뀌게 했을까. 그리고 어떤 윤리가 영리추구 활동을 뒷받침하고 있을까. 『프로테스탄티즘의 윤리와 자본주의 정신』을 읽으면서 그런 의문이 머리에서 떠나지 않았다. 베버는 과거와 현재가 대립하며 격렬하게 싸움을 벌이는 곳에 몸을 두고 이 책을 썼는데, 그 싸움의 양상은 다양하게 바뀌었지만, 큰 줄기에서 보면 싸움은 지금도 여전히 이어지고 있는 것으로 보인다.

III

社會
사회

사회계약론

자유론

죽음의 집의 기록

인간에 대한 한없는 신뢰
루소 『사회계약론』

루소의 『사회계약론』은 중학교 교과서에서 다뤄질 만큼 유명한 책이다. 인권사상을 외친 역사적 명저로, 로크의 『통치론』이나 몽테스키외의 『법의 정신』과 더불어 이름이 올라 있다.

중학생에게는 어렵겠지만, 가능하면 고등학생 때나 대학생 때 읽으면 좋겠다고 생각한다. 물건이 흘러넘치는 소비사회에 살고 심리적으로는 끊임없이 자신의 내부로 생각이 향하는 경향이 있어 고립된 느낌에 시달리기 쉬운 현대의 젊은이들에게, 인간에 대한 깊은 신뢰가 튼튼하게 뒤를 받치고 있는 시민사회의 모습을 그린 루소의 책은 내실 있는 희망을 주리라 생각하기 때문이다. 이렇게 생생한 사상을, 이렇게 생생한 문체로 그려낸 철학책은 그리 흔치 않다.

1

『사회계약론』은 모든 인간에게 '일반의지—般意志'가 갖추어져 있다는 사고방식이 전체를 굵고 강하게 관통하는 책이다.

일반의지(volonté générale)란 무엇인가.

'일반'과 '의지'를 분리하여, 우선 의지부터 살펴보자.

어떤 것에 대해 행동을 일으켜 사태를 바꾸려는 마음, 혹은 새로운 사태를 일으키려는 마음, 그것이 '의지'라 불리는 마음의 작용이다. 무엇에 대해 '바꾸고 일으키려는 마음'을 먹는지는 사람에 따라, 놓인 상황에 따라 천차만별이다. 천하국가나 지구 규모의 사태와 관련된 광대한 의지부터, 자기만의 극히 개인적인 무언가를 찾으려는 좁고 작은 의지에 이르기까지 의지의 대상은 무한히 다를 수 있다.

하지만 의지는 대상만으로는 성립되지 않는다. 누군가가 대상에 대해 '행동을 일으켜 사태를 바꾸려는 마음'을 먹어야 한다. 누군가가 무언가에 대해 '행동을 일으켜 사태를 바꾸려는 마음'을 먹었을 때, 무언가는 비로소 의지의 대상이 된다.

'행동을 일으켜 사태를 바꾸려는 마음'을 먹은 누군가를 의지의 주체라 부른다면, 주체로서 우선 상정되는 것은 한 명 한 명의 인간이다. 많은 사람이 같은 것, 같은 일에 대해 '행동을 일으켜 사태를 바꾸려는 마음'을 먹는 경우도 당연히 있겠는데, 그때에도 많은 사람이 각각 한 명의 인간으로서 무언가에 대해 '행동을 일으켜 사태를 바꾸려는 마음'을 먹는 것이고, 그 무언가가 같은 것이라 해도 별문제는 없다. 루소도 '행동을 일으켜 사태를 바꾸려는 마음'을 먹는 주체는 한 명의 인간, 한 개인이라 생각했다.

한 개인이 무언가를 바라서 행동을 일으키려는 것, 그것이 '의지'라고 이해해두자.

다음은 '일반'이다. '일반의지'에서 '일반'은 무엇인가.

개개인이 자기 마음대로 무언가를 목표로 삼아 행동하려고 할 때, 그 의지를 일반의지라고는 말하지 않는다. 그것은 일반의지의 반대쪽에 있다고 여겨지는 '개별의지'다. 찾으려 하는 무언가는 그 개인에게 특별한 의미가 있고, 그것으로 향하는 의지도 개인적인 사정의 색채가 짙게 물들어 있는 것이 개별의지다.

일반의지는 개인적인 욕구나 개인적인 사정을 넘어선 지점에 있다. 개인의 의지이면서 한 개인의 사적 관심을 넘어 모든 이가 어떻게 서로 도우며 살아갈까, 그것을 고려하여 행동하려 한다. 그것이 일반의지다. 루소는 이 일반의지 덕분에 사람과 사람이 이어지고, 공동생활을 영위하며, 사회를 만들고, 국가를 만들며, 사회와 국가를 앞으로 나아가게 한다고 생각했다. 일반의지는 인간의 공동생활을 지탱하는 토대인 동시에, 공동생활에 활기를 불어넣는 원동력이기도 하다.

그러한 일반의지를 모든 개인이 동등하게 보유한다. 신분의 차이, 계급의 차이, 인종의 차이, 성의 차이를 넘어 모든 개인이 똑같이 일반의지를 갖고 있다. 일반의지가 개인의 경지를 넘어선 의지인 것과 더불어, 그것이 루소의 사회사상·정치사상의 핵심을 이룬다. 모든 개인이 일반의지를 동등하게 보유하고 있기 때문에, 모든 개인이 서로 같은 지위와 같은 자격으로 이어지고, 동등하게 사회를 만들며, 사회를 지탱하고, 사회생활을 영위할 수 있다. 그런 의미에서 일반의지는 개개인 안에 있는, 사회를 살아가는 힘, 사회를 살리는 힘이라 말해도 좋다.

일반의지가 인간이 사회생활을 하는 근거를 이룬다는 것을 루소는 이렇게 표현했다.

> 이렇게 자연상태에서 사회상태로 옮겨가면, 인간은 매우 주목할 만한 변화를 보인다. 인간은 본능을 정의正義에 의해 바꾸어, 이제까지 결여되었던 도덕성을 자신의 행위에 부여하게 된다. 그때에야 비로소 의무를 지키려는 목소리가 육체의 충동을 대체하고, 권리가 욕망을 대체하며, 그때까지 자기만을 생각하던 인간이 이전과 다른 원리에 입각하여 움직이고, 제 하고 싶은 대로 하기 전에 이성적으로 따져보아야 함을 알아차린다. 이 상태에서 그는 자연으로부터 받아온 많은 이익을 잃겠지만, 그 대신에 매우 큰 이익을 얻게 되고, 그의 능력은 단련되고 발달하며, 그의 사상은 확장되고, 그의 감정은 고귀해지며, 그의 영혼 전체가 고양된다. (36쪽)

용어를 정리해보면, 개별의지 쪽에 '본능' '육체의 충동' '욕망' '제 하고 싶은 것'이 속하고, 일반의지 쪽에 '정의' '도덕성' '의무를 지키려는 목소리' '권리' '이성'이 속한다. 개별의지를 넘어선 일반의지의 작용에 힘입어 인간은 자연적 존재를 넘어선 사회적 존재가 되는 것이고, 사회에서 일반의지가 꽃을 피움으로써 인간의 사상과 감정, 영혼이 더욱 높은 차원으로 올라선다. 루소에게는 그것이 인간사회의 이상적인 모습이었다.

2

일반의지 아래에서 사람들이 한데 묶인다. 그때 서로간에 교환되는 것이 '사회계약'이다.

말할 것도 없지만, 역사상 사회계약의 문서가 있어서 루소의 사회계약 사상이 생겨난 것이 아니다. 순서는 거꾸로다. 루소의 사회계약 사상이 있었고, 그것을 본떠서 역사에 남는 '인권선언'(정식으로 말하자면 '인간과 시민의 권리선언', 1789년)이 탄생했다. 루소를 천재적 사상가로 추켜올리기 위해 이런 말을 하는 것이 아니다. 루소의 사회계약 사상이 시대를 앞서는 것이면서 시대에 깊이 뿌리내린 것이었음을 읽어내야 한다고 생각해서 하는 말이다.

사회계약의 핵심은 다음과 같은 점에 있다.

'각 구성원의 신체와 재산을 공동의 모든 힘으로써 지키고 보호하는, 결합의 한 형태를 찾아내는 것. 그리고 그것을 통해 각 개인이 모든 사람들과 밀접한 관계를 맺으면서, 더구나 자기 자신을 제외한 누구에게도 복종하지 않으며, 이전과 똑같이 자유로울 것.' 이것이야말로 근본적인 문제이고, 사회계약이 그것에 해결책을 준다.

(29쪽)

신체와 재산의 보호는 실질적으로 생활과 연관된 문제다. '의식주'라는 나날의 삶의 기본은 신체 및 재산의 보호와 직결되는 문제다.

비교해서 말하자면, '자기 자신을 제외한 누구에게도 복종하지 않는 것, 자유로울 것'은 실질적 생활과는 차원을 달리하는, 말하자면 정신성과 깊이 연관된 문제다.

그 두 가지가, 둘 다 중요한 과제로서 각 개인에게 들이닥친다. 그것이 근대라는 시대의 주요한 특질이다. 개인이 자기를 '대체할 수 없는 하나의 개인'으로 자각할 때, 그렇게 자각한 상태로 다른 사람과 결부되는 가운데 어떻게 자유를 관철할 것인가 하는 피할 수 없는 문제가 제기된다. 서양 근대에 국한해서 말한다면, 신 앞에서 자기를 어떻게 확립할 것인지가 우선 큰 문제였지만, 사회 속에 살면서 어떻게 자기를 관철할 것인가 하는 물음도 그 못지않게 큰 문제였다.

루소는 일반의지가 바탕에 깔려 있는 사회계약을 말했기 때문에, 사회 속에 사는 자기의 문제를 '자유'라는 말에 매몰되어 잘못 파악하지는 않았다. 일반의지는 한 개인의 사적인 형편·이해利害·사정을 넘어 이성적인 공동의 세계를 지향하는 것이지만, 그때 자기를 방치하지 않고 개인으로서의 자유를 손에 꽉 움켜쥔 채 공동성을 지향하는 것이어야 하기 때문이다.

제 자유를 방기하는 것은 인간이 될 자격, 그리고 인류의 권리 및 의무를 방기하는 것이다. 어떤 사람이든 모든 것을 방기하는 사람은 아무런 보상도 받지 못한다. 이러한 방기는 인간의 본성과 맞지 않는다. 그리고 '의지'로부터 자유를 완전히 빼앗아가는 것은 행동에서 도덕성을 완전히 빼앗아가는 것이다. (22쪽)

루소는 '개개인이 일반의지로 한데 묶인 공동체에서는 각자의 자유를 지키는 것이 개인에게든 공동체에든 절대적인 조건'이라고 생각했다. 개인이 자신의 자유를 잃어버리면, 일반의지에 바탕을 둔 사회적 결합은 더 이상 성립되지 않는다. 사회계약을 이성적인 계약으로서 성립시키려면, 개인과 공동체 양쪽 모두에 '개인으로서의 자유'를 끝까지 지켜내려는 굳은 의지가 있어야 한다. 역설적으로 들릴지도 모르지만, 자유에 관해서는 자유를 끝까지 지킬 자유만 있고, 자유를 방기할 자유는 없다.

사회계약을 공허한 법규로 만들지 않기 위해, 이 계약에는 '어떤 사람이든 일반의지에 복종하기를 거부하면 단체 전체가 그 사람에게 일반의지에 복종하도록 강제한다는 약속'이 암묵적으로 포함되

어 있다. 그리고 그 약속만이 다른 약속에 효력을 미칠 수 있다. 이
것이 의미하는 바는 오직 '[시민은] 자유롭도록 강제당한다'는 것이
다. (35쪽)

『사회계약론』에서 '복종'이나 '강제'는 주로 '바람직하지 않은 사태나
기피해야 할 어떤 것'을 가리키는 말로 쓰인다. 그런데 여기서는 인간
을 빛나게 만드는 '자유'라는 말과 한데 엮어서, '[시민은] 자유롭도록
강제당한다'고 말한다. 문장가 루소의 면모를 유감없이 보여주는 수사
법이다.

역설적으로 보이는 수사법까지 쓰면서 루소가 호소하고 싶었던 것은
'자유가 없는 상태에서 이성적인 사회는 성립되지 않는다'는 자유의 원
리성이었다. 자유가 없는 곳에서 사람과 사람의 참된 관계는 생겨나지
않는다. 자유가 없는 사람과 관계를 맺으려면, 관계를 맺기 전에 강제로
라도 그 사람을 자유롭게 만들어야 한다. 모든 것은 거기에서 시작된다.
자유롭다는 것을 기본적 인권의 하나로 여기는 것은 근대인의 상식인
데, 그런 면에서 『사회계약론』은 '자유가 기본'이라는 것이 과연 무엇인
지를 철저하게 고찰해보려는 책이다.

그와 동시에, 18세기 프랑스에서 봉건제와 왕정을 무너뜨리려는 사회
의 기운이 싹텄고, 그 덕분에 사람들이 자유의 풍요로움에 눈떴다는 사
실을 기억해야 한다. 자유를 바라고 요구하는 움직임이 사회를 불안하
고 혼란스럽게 하기도 했지만, 계몽사상가들은, 특히 루소는 불안과 혼

란을 무시하지 않으면서 자유가 가져올 풍요로움에 주목했다. 절대왕정 아래에 있던 프랑스는 대체로 사람들의 자유로운 활동을 허용하는 사회는 아니었지만, 억압을 피하여 사회 곳곳에서 전개된 시민의 자유로운 활동은 자유야말로 사회를 풍요롭게 만든다는 것을 실제적으로 입증하고 있는 듯하다.

소란과 내란은 지배자들에게 커다란 위협이겠지만, 그러나 인민의 참된 불행은 아니다. ……모든 것이 자유를 제한하는 멍에를 짊어진 채 억눌렸을 때, 바로 그때 모든 것이 쇠퇴한다. ……[마키아벨리가 말한 것처럼] 참으로 인류를 번영하게 하는 것은 평화보다는 오히려 자유다. (119~120쪽)

프랑스 혁명의 발소리가 바로 곁에서 들리는 듯한 문장이다.

3

사회계약을 지탱하는 두 기둥 중 하나가 자유의 원리라면, 또 하나의 기둥은 평등의 원리다.

사회계약은 시민들 사이에 평등을 확립하고, 그리하여 시민은 모두 같은 조건에서 서로 약속하며, 또한 모두 같은 권리를 누리게 된다. 그러므로 계약의 성질상 주권의 모든 행위, 즉 일반의지의 정당한 모든 행위는 모든 시민에게 평등하게 의무를 지우고, 혹은 은혜를 베푼다. (52쪽)

이 문장도 그렇지만, 평등의 원리를 기술한 문장은 수학적 명석함을 갖추고 있다. 그래서 이해하기 쉽다. 평등한 입장에서 공동체를 만들고, 평등하게 의무를 지고, 평등하게 은혜를 입는다. 루소의 말 어디에도 모호한 구석은 없다.

하지만 일단 사회의 현실로 눈을 돌리면, 수학처럼 분명하고 또렷하게 평등이 성립되는 곳 따위는 없는 것이나 진배없음을 금방 알게 된다. 사람은 모두 평등하다고 한다. 일본어의 '평등'을 프랑스어로는 'égal', 영어로는 'equal'이라 하는데, 알기 쉽게 번역하면 '차별 없이 고르다'는 뜻이다. '사람은 모두 차별 없이 고르다.'

그러나 이러한 평등의 원리는 우리의 현실감각에 맞지 않는다. 모두 차별 없이 고르다면, 인간 A와 인간 B는 당연히 평등할 것이다. 하지만 우리 눈앞의 A와 B가 차별 없이 고르다는 말을 들으면, 우리 마음은 편치 않을 것이다. A와 B는 다르다고 느끼는 것이 솔직한 현실감각이기 때문이다. 자기 자신에 대해서도 'A나 B와 차별 없이 고르지 않고, A하고도 다르고 B하고도 다른 인간'이라고 생각하는 것이 자연스럽다. '사람은 모두 평등하다'는 명석한 논리는 현실감각을 그대로 말로 표현한 것이 아니라, 현실감각을 넘어 강한 관념적 추상화를 통해 탄생한 말이다.

관념적 추상화라고 말하면 무언가 비현실적이고 부자연스러운 조작이 가해진 것처럼 상상할 사람도 있을지 모르겠다. 하지만 그렇지 않다. 사람들이 '법 아래서의 평등'을 근대법의 대원칙으로 널리 인정하고 있다면, 그것은 근대사회를 살았던 많은 사람들이 '관념적 추상화'를 공동의 의식작용으로 널리 감행한 결과인 것이다. 근대사회 자체가 한 사람 한 사람의 인간은 모두 다르다는 현실감각을 넘어 '사람은 모두 차별 없이 고르다'는 추상적 원리를 세우는 방향으로 크게 움직인 것이다. 평등의 원리는 현실감각을 넘어서는 추상적 관념을 사회적으로 정당하다고 인정하는, 그러한 정신의 힘이 있어 성립된 것이었다.

그것을 루소는 다음과 같이 표현한다.

이 기본계약[평등한 사회계약]은 자연적 평등을 파괴하는 것이 아니라, 거꾸로 사람들 사이에 자연적으로 있을 수 있는 육체적 불평등 같은 것을 도덕·법률에서의 평등으로 대체하는 것이라는 점, 그리고 인간은 체력이나 정신에서는 불평등할 수 있지만, 약속을 통해 또는 권리를 통해 모두 평등하게 될 수 있다는 것. (41쪽)

자연상태에서 인간은 결코 평등하지 않다. 오히려 육체적·정신적으로 다양한 불평등에 시달린다. 루소는 그렇듯 냉엄하게 사실을 인식했다. 그렇다면 인간사회에 평등의 원리를 널리 퍼뜨리기 위해서는 자연을 넘어서는 도덕관념이나 법관념으로 인간을 파악해야 했다. 어떻게 하면 그것이 가능할까. 그것을 가능하게 하는 것은, 여기서도 역시 개개인이 보유한 일반의지밖에 없다. 사회를 이성적으로 만들고, 이성적으로 운용하려는 생각이 인간을 평등이라는 관념으로 이끌어간다. 루소는 그렇게 생각했다.

한편, 자유도 그렇지만 평등도 아직 실현되는 과정에 있다고 본 것이 루소의 냉정한 역사인식이었다. 자연의 불평등은 반드시 극복된다고 생각하긴 했지만, 그 과정에는 어마어마한 곤란이 뒤따르리라는 것을 루소는 잘 알고 있었다. 바로 앞에 인용한 문장에는 다음과 같은 주가 붙어 있다.

나쁜 정부 밑에서 이 평등은 알맹이 없는 껍데기 같은 것에 불과하다. 가난한 이를 비참한 상태로 몰아넣고, 부자가 부당한 지위를 누리는 데 일익을 담당할 뿐이다. 실제로 법률은 늘 가진 자에게 유리하고, 가지지 못한 자에게 불리하다. 이런 것을 고려할 때 다음과 같은 결론이 나온다. 사회상태가 사람들에게 유리한 경우는 오직 모든 사람이 얼마간 가지고 있고, 그리고 아무도 너무 많이 가지지 않았을 때뿐이다. (41쪽)

'모든 사람이 얼마간 가지고 있고, 그리고 아무도 너무 많이 가지지 않은' 사회를 어떻게 만들지, 그 구체적인 방법은 『사회계약론』에 나오지 않는다. 그것은 『사회계약론』의 시야 바깥에 있는 일이었다.

그러나 나쁜 정부나 나쁜 사회상태는 현실에 존재한다. 사람들은 그 속에서 살아가야 한다.

어떻게 살아가면 좋을까.

기델 것은 역시 일반의지다. 정부나 사회가 아무리 나쁘더라도, 개인에게 일반의지가 사라져 없어지는 일은 없으므로. 또한 '일반의지는 늘 올바르며, 늘 공공의 이익을 지향'(46쪽)하므로. 정부나 사회가 아무리 나쁘더라도, 개인이 자기 내면에 굳게 존재하는 일반의지로까지 내려간 다면, 거기서 자유롭고 평등한 사회로 가는 길이 열린다. 루소는 그렇게 확신하고 있었다.

일반의지가 충분히 표명되기 위해서는, ……시민 각자가 오직 자기 의지에 따라 의견을 말하는 것이 중요하다. (48쪽)

각자가 자신의 일반의지에 따라 의견을 말한다. 수학적 명석함은 없지만, 거기에도 평등이 성립되고 있고, 그렇게 평등한 의견을 표명하는 것이 바로 이성적인 공동체를 만드는 원동력이 될 만한 힘이었다.

생각해보면, 루소가 이 『사회계약론』을 쓴 것도 다름아닌 '평등한 의견을 표명하는' 행위였다. 책 표지에는 저자이름이 '제네바 시민 J. J. 루소'라 적혀 있고, 제1편 서문에 다음과 같은 말이 있다.

정치에 관해서 쓴다고 하면, '당신은 군주인가, 아니면 입법자인 가'라고 누군가 물을지도 모르겠다. 나는 대답할 것이다. '군주도 아니고 입법자도 아니다.' 또한 '군주도 입법자도 아니기 때문에 나는 정치에 관해서 쓰려 한다.' ……자유로운 국가의 시민으로 태어나서, 그리고 주권자의 일원으로서…… 투표권을 가지고 있다는 것만으로도 나에게는 정치를 연구해야 할 충분한 의무가 있다. (14쪽)

『사회계약론』은 루소가 자기 안에 있는 일반의지를 조명하고, 일반의지가 말하려는 것을 형식을 갖춘 주장으로 표현하고자 한 시도였다. 루소에게는 '일반의지가 존재한다는 사실', 그리고 '일반의지의 목소리에 귀를 기울이는 일'이야말로 사회를 살아가면서 품은 희망이었다.

자유로운 사회 만들기의 어려움

존 스튜어트 밀 『자유론』

자유로운 사회란 모순으로 가득 찬 사회를 가리킨다.

내가 헤겔철학에서 배운, 사물을 보는 중요한 방법 중의 하나가 그것이다. 모순에 부딪히면 사람들은 그것을 해결하려 거듭 노력한다. 그 노력이 새로운 모순을 낳는다. 그렇게 해서 앞으로 나아가는 것이 자유로운 사회다. 헤겔은 그렇게 생각했다.

이번에 수십 년 만에 J. S. 밀의 『자유론』을 다시 읽으면서, 이 책에도 헤겔에게 배운 것과 똑같은 '사물을 보는 방법'이 바탕에 깔려 있음을 알게 되었다. 헤겔은 18세기 후반에서 19세기 전반에 걸쳐 독일에서 살았고, J. S. 밀은 19세기 전반에서 후반에 걸쳐 영국에서 살았지만, 두 사람이 호흡한 사회의 공기는 공통되는 점이 적지 않은 것처럼 보였다.

두 사람 모두에게, 실제로 그들이 살고 있는 사회를 구성하는 개인이 자유롭고 자립한 개인이라는 점은 의심할 여지없는 사실이었다. 그리고 개개인의 자유롭고 자립한 사상과 행동이 사회의 다양한 장면에서 충돌하고 대립하며 모순을 초래하고, 나아가 사회의 질서나 권력에 의한 통제와도 충돌하고 대립하며 모순을 초래한다는 것 또한 의심할 여지없는 사실이었다.

의심할 여지없는 두 가지 사실을 인정한 뒤, 과연 개인의 자유를 지키면서 어떻게 사회를 질서 있게 만들 것인가, 그것이 『자유론』에서 밀이 스스로 떠맡은 과제였다.

1

물론 그 과제는 밀이 우연히 생각해낸 것이 아니라, 밀이 살던 당대의 사회 속에서 자연스레 모습을 드러낸 것이었다.

밀이 살던 영국 사회는 개인의 자유를 그 나름으로 인정하면서 일정한 질서를 형성하고, 그 질서를 유지하려 한 근대사회였다. 자유와 사회가 잘 절충되고, 사람들이 그런 상태에 큰 불만이 없다면, 개인의 자유와 사회의 질서를 어떻게 조정할 것인가 하는 과제가 가슴에 절실하게 다가올 리 없다. 자유가 진정으로 살아 있는 사회라면, 자신도 한 개인으로서 자유를 향수하고 자유롭게 행동하고 자유롭게 생활하면 그만이다.

하지만 밀이 살던 영국 사회는 그런 사회가 아니었다. 적어도 밀에게는 그런 사회로 보이지 않았다.

개성의 자유로운 발전을 인간의 행복에 결정적으로 중요한 요소의 하나라 느끼고, 그것을 문명·훈련·교육·문화 같은 말이 의미하는 바와 똑같은 수준의 요소라 말하는 데서 그치지 않고 이 모든 것에 반드시 있어야 할 부분이자 조건이라고 느낀다면, 자유가 과소평가될 염려가 없을 것이며, 사회에 의한 관리管理와 자유 사이의 경계를 조정하는 일도 그다지 어렵지 않을 것이다. 그러나 문제는 다른 데에 있다. 일반적으로 사람들은 개인의 자발성은 고유한 가치를 갖고 있다거나 그 자체로 존중받아야 한다고는 좀체 생각하지 않는다. 사회적으로는 현재의 생활방식에 만족하는 사람이 다수파여서(지금의 생활방식을 만든 것은 다수파이기 때문이지만), 이 생활방식이 왜 누구에게나 최선은 아닌지를 이해할 수 없다. 그뿐 아니라, 도덕과 사회를 개혁하려는 사람들도 대부분 자발성을 이상理想의 하나로는 여기지 않는다. 개혁가는 오히려 사회 전체가 인류에게 최선이라 판단되는 이상을 받아들이려 노력하고 있을 때, 자발성이 귀찮은 문제가 되거나 심지어는 반란을 일으키는 장애물이 될지도 모른다고 여겨 의심의 눈초리를 보낸다. (128~129쪽)

세상의 관습에 따라 사는 보통의 평범한 사람이든, 도덕을 개혁하거나 사회를 개혁하려는 진보적인 사람이든, 자유의 소중함과 자유의 가치를 절실하게 여기지 않고, 이해하지 못하고 있다. 밀은 그러한 위기의식을 느껴 『자유론』을 집필한 것이다.

밀은 기본적인—바꾸어 말하자면 어떠한 조건 아래에서도 존중되어야 할—자유로 다음의 세 가지를 들었다.

1. 양심의 자유, 사상 및 감정의 자유, 의견과 감상의 자유, 표현과 출판의 자유.
2. 취미(嗜好) 및 목적 추구의 자유.
3. 개인 상호간 단결의 자유.

한 개인으로서 이러한 자유를 누리고 싶으냐는 질문을 받으면, 누리고 싶지 않다고 대답할 사람은 거의 없을 것이다. 시민혁명 뒤의 근대를 사는 우리들은 아주 당연하게 그 정도로는 한 개인으로서 자유롭게 살고 싶다고 생각한다.

그러나 우리 주변의 개인과 개인, 개인과 집단, 개인과 사회의 관계를 냉정하게 들여다보면 곧바로 알 수 있듯이, 현실의 집단이나 사회는 자유롭게 살고 싶다는 한 개인의 생각이 그대로 실현되도록 이루어져 있지 않다. 개인과 개인 사이를 보면, 저마다 자유를 관철하고자 하는 행위가 대립과 갈등을 낳는 경우가 드물지 않다. 개인과 집단, 개인과 사회

사이를 보면, 개인의 자유로운 생활방식이 집단의 조화나 사회의 질서를 어지럽힌다고 여겨지는 경우가 적지 않다. 한 개인으로서 자유롭게 사는 것에는 누구도 별다른 이의를 제기하지 않지만, 그 자유가 일단 타인과의 관계, 집단이나 사회와의 관계와 얽힐 때에는 좋든 싫든 간에 대립과 갈등을 일으킨다. 그러한 대립과 갈등에 어떻게 대처할 것인가. 그것은 근대 사회와 근대인이 끊임없이 부딪칠 수밖에 없는 근본적인 문제다.

당연히 근대의 사회사상도 그 문제를 피해갈 수 없었다.

문제에 맞서는 사회사상가의 입장은 개인의 자유에 무게를 두느냐, 사회의 질서에 무게를 두느냐 두 가지로 크게 나눌 수 있다. 인간은 개인적 존재이면서 동시에 사회적 존재인 이상, 사회 속에서 살아가는 인간의 생활방식을 묻는 사회사상이 개인의 자유와 사회의 질서 어느 한쪽을 버리고 다른 한쪽만의 가치를 인정하는 일은 있을 수 없겠지만, 날카롭게 대립하는 두 개의 가치는 어느 쪽을 중시하는지 선택하라고 끊임없이 요구한다.

개인의 자유에 무게를 두면, 사회의 질서는 강제적·억압적인 것으로 보이게 된다. 거꾸로 사회의 질서에 무게를 두면, 개인의 자유는 '심지어는 반란을 일으키는 장애물이 될지도 모른다고 여겨 의심의 눈초리를 받아야 할 대상'이 된다. 이 두 가지 견해의 대립은 근대사회의 구조적 모순이 사상 차원에 반영된 것이므로 쉽사리 화해를 보기는 어렵다. 그렇다면 성급하게 화해하려 들 것이 아니라, 대립을 자각하면서 어떻게 논리를 가다듬을 것인가에 사회사상의 질이 걸려 있다.

그것이 근대사회에서 자유론이 처한 어려움이었고, 자유론이 지닌 흥미로움이었다.

2

밀의 『자유론』은, 다시 말하지만, 사회의 질서나 관습을 중시하는 일반적 풍조에 맞서며 개인의 자유를 강력하게 옹호하려는 사회사상의 책이다.

주목해야 할 것은 개인의 자유를 한 개인의 행복·쾌적함·만족과 관련지어 옹호하려 하지 않고, 사회의 행복·진보·충실함과 관련지어 옹호한 점이다. 『자유론』 첫머리에 "이 소론의 테마는, ……'의지의 자유'가 아니라 시민적 자유, 사회적 자유"(10쪽)라는 말이 보이는데, 밀의 논의는 그 말을 배반하지 않는다. 자유를 사회 속에 두고, 사회의 측면에서 자유의 의미와 가치를 생각하는 것이 『자유론』의 주요 목표였다.

여기서 사상과 표현의 자유가 지닌 사회적 중요성을 서술한 대목을 인용한다.

의견의 발표를 금지하는 것은 비할 데 없이 해롭고 나쁜 일이며, 인류 전체가 그 피해를 입는다. 당대의 세대뿐만 아니라 나중 세대도 피해를 입는다. 그리고 발표를 금지당한 의견을 지닌 사람 이상으로, 그 의견에 반대한 사람이 피해를 입는다. 그 의견이 옳았을 경우, 자신의 그릇됨을 고칠 기회를 빼앗긴다. 그 의견이 틀렸을 경우에도, 그릇된 의견에 부딪침으로써 진리를 이전보다 똑똑히, 생생하게 인식할 기회를 빼앗기기 때문에, 그 의견이 옳았을 경우와 거의 다름없을 만큼 피해를 입는다. (42쪽)

어떤 의견이 진리이든 오류이든, 그 의견을 표명하는 것이 사회적으로 이익이라고 밀은 말한다. 그 바탕에 깔려 있는 것은 '사회생활을 둘러싼 생각이나 의견은 어느 것을 취하더라도 절대적인 진리 따위는 찾을 수 없다'는, 세계를 상대적으로 보는 눈이다. 그렇다면 어느 의견에도 유일무이한 특권적 지위를 부여할 수는 없다. 어떤 의견이든 거리낌없이 제시하고, 서로 진위를 다투면 된다. 그 가운데 어떤 의견이 찬동하는 이를 많이 얻어 진리 비슷한 것으로 보인다 하더라도, 그것은 절대적 진리와는 거리가 멀다. 언젠가 다시 진리가 아니라고 판명날지 모른다. 중요한 것은, 진리가 언제까지나 계속 진리로 존재하는 것이 아니라, 진리가 끊임없이 비판당하고 음미되고 새로운 진리에 의해 대체되는 것이다.

그런 생각을 바탕에 깔고, 밀은 사상의 자유, 표현의 자유를 인간사회에 꼭 필요한 것이라고 생각했던 것이다.

인간은 오류가 없을 수 없고, 옳은 의견 대부분은 진리의 일면을 파악한 것에 불과하며, 반대의견을 완전히 자유롭게 비교한 결과가 아닌 한, 의견의 일치는 바람직하지 않고, 인간의 능력이 현재보다 훨씬 높아져서 진리의 모든 측면을 인식할 수 있게 되기 전까지, 의견의 차이는 유해하지 않고 유익하다는 원칙은 의견에 적용할 수 있는 것과 다름없을 정도로 행동에도 적용할 수 있다. 인간이 완벽해지기 전까지는 의견의 차이가 유익한 것처럼, 생활하면서 다양한 행동을 실험하는 것은 유익하다. (127~128쪽)

이러한 입장에 서면, 소수의견이나 소수자의 행동양식은 소수이기 때문에 도리어 표명할 기회, 실험할 기회를 반드시 보장받게 된다. 다수자의 의견이나 행동은 사람들이 쉽게 들을 수 있고 볼 수 있는 데 비해, 소수자의 그것은 물밑에 잠겨버리기 쉬우니까.

의견이 대립하는 진영 중에서 어느 쪽에 자신들이야말로 의견을 발표할 수 있어야 하고, 더 나아가 그것을 장려하고 지원해야 한다고 주장할 권리가 있는가 한다면, 그것은 그때 그 지역에서 우연히 소수파가 된 진영이다. 그 진영에서 주장하고 있는 것은 그 시점에서 무시되고 있는 이해利害, 인류를 더욱 행복하게 만들 요인 가운데 적절하게 다뤄지지 않을 위험이 있는 부분을 대표하는 의견이다. (109쪽)

밀은 질서와 습관을 중시하고, 개인의 자유를 '심지어는 반란을 일으켜 장애물이 될지도 모른다'고 여기는 사회적 풍조에 맞서, 자신이 소수자임을 명확히 의식하면서 소수의견을 존중하라고 말한다. 그러나 한편으로, 다양한 의견이 표명되는 현실의 토론장에서는 표현의 자유와 냉정한 상호비판을 소중히 여기는, 동지라고 부를 만한 사람들이 틀림없이 존재한다고 실감하고 있었다. 그러한 사람들은 분명 이 『자유론』도 냉정하고 이성적으로 받아들여줄 것이다. 밀은 그렇게 확신했고, 그것이 『자유론』의 안정된 문체를 낳은 한 요인이었다고 생각한다.

어떠한 의견을 갖고 있는 사람이더라도, 반대의견과 그것을 주장하는 상대의 실상을 냉정하게 판단하고 성실하게 설명하며, 논쟁 상대에게 불리한 사실은 단 한 가지도 과장하지 않고, 논쟁 상대에게 유리한 점이나 유리해 보이는 점은 단 한 가지도 감추려 하지 않는다면, 그 사람에게 걸맞은 칭찬을 한다. 지금까지 말한 것이 공적인 자리에서 논의를 진행할 때 지켜야 할 참된 도덕이다. 이 도덕이 무시되는 경우가 적지 않지만, 그럼에도 이 도덕을 거의 지키는 논자가 많으며, 지키려고 성실하게 노력하는 논자는 더욱 많다. 이 점을 나는 마음 든든하게 생각한다. (124쪽)

밀은 "나라의 가치는 장기적으로 보아 나라를 구성하는 개개인의 가치에 의해 결정된다"(251쪽)고 생각하는 개인주의자였지만, 개인에 대한 신뢰를 뒷받침하고 있었던 것은 위의 인용문에 보이는 '논자들의 존재'

였을 것이다. 밀 자신도 그러한 논자의 한 사람으로서 공적인 논의의 자리에 등장하려고 『자유론』을 썼던 것이다.

3

절대적 진리 따위는 어디에도 없고, 진리는 늘 상대적인 것에 불과하다. 그러한 사고방식은 종교적 신앙―절대신에 대한 신앙―과 날카롭게 대립한다. 그리고 밀이 살았던 영국 사회에는 종교적 신앙으로서 기독교가 널리 퍼져 있었다. 그것과 어떻게 대결할 것인가. 『자유론』에서 그것은 피해갈 수 없는 문제였다.

명시적으로 기독교와 대결하는 장면은 많지 않지만, 적지 않은 장면에서 밀이 기독교에 대해 갖는 비판적 자세를 분명하게 볼 수 있다. 기독교의 교설教說도 사회에 널리 퍼져 있는 많은 의견 중의 하나에 불과하다. 물론 기독교가 자유롭게 의견을 표명하는 것은 괜찮지만, 기독교와는 다른 의견이나 반대되는 의견도 자유롭게 표명되어야 한다. 그것이 밀의 기본적 입장이고, 그런 입장의 이점을 살려, 소수의견 표명의 실제 사례로서 여기저기서 기독교를 비판했다.

예를 들면, 기독교의 도덕에 관한 다음과 같은 비판.

예수의 말은 진리 가운데 일부에 불과하고, 일부만을 포함시키려 했으며, 또한 최고 수준의 도덕에 꼭 있어야 할 다양한 요소가 기독교를 창시한 이의 언어로서 기록된 것에는 제시되어 있지 않고, 제시하려고도 하지 않았으며, 예수의 말을 바탕으로 기독교 교회가 구축한 도덕체계에서는 그러한 요소가 완전히 무시되었다고 확신한다. 그러므로 예수의 가르침에서 인간의 행동을 인도할 완전한 규범을 읽어내려고 고집하는 것은 큰 잘못이라 생각한다. ……세속적 규범은(적절한 말이 없어서 이렇게 부르지만) 지금까지 기독교 도덕과 아울러 존재하며, 부족한 부분을 보충하고, 기독교 정신에서 배움과 동시에 기독교 정신에 영향을 주어왔다. 세속적 규범을 모두 무시하고 종교적 규범에만 의거하여 마음과 머리를 단련하려고 하면, 무기력하고 비굴한 노예적 성격이 되어, 최고의지라고 여기는 것에 대해서는 무조건 따르려 하지만, 최고선의 개념에 관해서는 이해도 공감도 할 수 없는 인간이 될 것이며, 현재 그렇게 되고 있다. 기독교를 유일한 원천으로 삼을 때 발전시킬 수 있는 것과는 다른 도덕을 기독교 도덕과 함께 중시하지 않는다면, 인류의 도덕을 되살릴 수 없다. (115~116쪽)

다른 사상과 공존하며 서로 비판하는 것이야말로 자유로운 사회를 만드는 근본적인 힘이라 생각하는 점에서, 밀은 분명 서양의 근대정신을 자양분으로 삼은 사회사상가였다. 우리들 앞에 있는 『자유론』은 지금도 여전히 고전이라는 이름에 어울리는 책이라고 생각한다.

소설가의 옥중생활
도스토옙스키 『죽음의 집의 기록』

도스토옙스키는 반체제파가 계획한 페트라솁스키 사건*에 연루되어 (1849년에 체포됨) 사형선고를 받았고, 그뒤 감형되어 1850년 1월부터 1854년 3월까지 시베리아 옴스크 요새감옥에서 유형생활을 보냈다. 스물여덟 살에서 서른두 살까지의 일이다.

『죽음의 집의 기록』은 그 4년간의 옥중생활을 바탕으로 쓴 장편소설이다. 아내를 죽인 죄로 10년의 유형을 선고받은 귀족 알렉산드르 페트로비치 고랸치코프의 수기 형식을 취하고 있지만, 도스토옙스키가 옥중

---

* 러시아의 외무성 번역관 미하일 페트라솁스키(1821~1866)를 중심으로 도스토옙스키 등 젊은 사상가와 작가들이 진보적 사상을 논의하며 러시아의 전제정치와 농노제를 비판하다가 당국의 탄압을 받은 사건.

에서 직접 보고 듣고 생각한 바를 여실하게 표현하려 했던 것은 의심의 여지가 없다. 소설은 도스토옙스키 자신이 겪은 강렬한 체험들을 말해 준다.

1

감옥의 모습을 객관적인 눈으로 보면, 예컨대 다음과 같지 않을까.

내 침상에는 달랑 널빤지 석 장이 깔려 있었고, 그것이 내 공간 의 전부였다. 내가 있는 감방만 해도 죄수 30명을 그런 널빤지 침상 에 쑤셔넣었다. 겨울에는 감방 문을 일찍 닫았고, 모두가 잠들어 조 용해질 때까지 네 시간은 기다려야 했다. 그때까지는 시끄러운 소 리, 마구 떠드는 소리, 떠들썩한 웃음소리, 욕설, 쇠사슬 소리, 몸내, 검댕, 삭발한 머리, 낙인이 찍힌 얼굴, 너덜너덜한 죄수복, 그 모든 것에 대한 욕설과 매도가 난무했다. ……그럼에도 인간은 살 수 있 는 법이다! 인간은 어떤 것에든 익숙해질 수 있는 존재다. 나는 이 것이 인간에 대한 가장 적절한 정의定義라고 생각한다. (17쪽)

마지막 두 줄에는 작가 도스토옙스키의 사상이 표명되어 객관적 표 현이라고 할 수는 없지만, 그 사상 표현이 '욕설과 매도가 난무'하는 객관 세계 한복판에서 생겨났다는 사실이 중요하다.

'욕설과 매도가 난무'하는 가운데서 살며, 욕을 먹고 매도당하는 것에 익숙해지려면, 자기 자신이 얼마간 욕을 먹고 매도당하는 존재가 되어야만 한다. 남에게 욕을 먹고, 매도당할 뿐만 아니라, 제 자신이 욕을 먹고 매도당하는 존재임을 자각해야 한다. 더 나아가서는 욕을 먹고 매도당하는 존재에 자기가 먼저 다가가야 한다. 옥중에서 살고, 옥중생활에 익숙해진다는 것은 그런 것이다.

감옥 바깥에서 감옥생활을 상상하는 보통의 사람들에게는 욕을 먹고 매도당하는 존재에 다가가는 행위 자체가 욕을 먹고 매도당할 만한 일로 보인다. 다가갈 것을 강요당한다는 사실만으로도 이미 옥중생활은 충분히 비참하게 느껴진다.

처음 감옥에 갇혔을 때, 도스토옙스키도 비슷한 생각에 사로잡혀 자신의 비참한 처지를 곱씹고 있었다. 하지만 이윽고 사고의 전환이 일어난다. 욕을 먹고 매도당하는 존재는 정말로 매도당하는 게 당연한, 욕을 먹는 게 당연한 존재인가. 오히려 거기에는 모종의 인간적으로 풍부한 무언가가 있는 게 아닐까. 그런 생각이 고개를 쳐들었다. 욕을 먹고 매도당하는 존재에 다가가는 것은 제 자신이 욕을 먹고 매도당하는 존재가 되는 것임과 동시에, 아니 그 이상으로, 욕을 먹고 매도당하는 존재 가운데서 새로운 인간적 가치를 발견하는 일이었다.

『죽음의 집의 기록』에는 새로이 맛본 그러한 발견의 기쁨이 전편에 약동하고 있다. 객관적으로는 역시 괴롭고 쓰라린 생활, 비참한 처지라

해야 할 나날이었다. 그럼에도 거기에서 인간이 살고 있다고 확실하게 느껴지는 이유는 작가 도스토옙스키가 신선한 놀라움을 간직한 시선으로 세계를 응시하고 있기 때문이다. 예를 들면, 다음과 같은 대목.

　　감옥에서 맞이한 첫날 아침을 나는 잊을 수 없다. 감옥 위병소에서 새벽을 알리는 북소리가 울려퍼지고, 10분쯤 지나자 당번 하사관이 옥사獄舍의 문을 열기 시작했다. 죄수들은 꼼지락대며 작은 유지 양초의 어슴푸레한 불빛 속에서 추위에 떨며 널빤지 침상에서 일어나기 시작했다. 대부분 시무룩한, 잠이 부족해서 언짢은 얼굴들이었다. 하품을 하거나 기지개를 켜기도 하고, 낙인이 찍힌 이마를 찡그리거나 성호를 긋는 자도 있는가 하면, 벌써 욕설을 주고받기 시작하는 자도 있었다. 당장이라도 숨이 막힐 것 같았다. 문을 열자마자 차가운 겨울 공기가 문간으로 흘러들어, 하얀 소용돌이를 일으키며 옥사 안으로 퍼져갔다. 죄수들은 물통 주변에 몰려들어, 차례로 국자로 물을 떠서 입에 머금고, 입에 머금은 물로 손과 얼굴을 씻었다. ……국자가 하나밖에 없었기 때문에 금방 다툼이 일었다.
　　"어딜 끼어들어, 이 메기 대가리 새끼야!"
　　거무스름하고, 삭발한 머리에 묘한 돌기가 나 있는, 마르고 키가 큰 죄수가 신경질적인 얼굴로, 땅딸막하고 뚱뚱한, 쾌활하고 얼굴이 붉은 죄수를 밀치면서 성을 내었다.
　　"잠깐! 무슨 소릴 지껄이는 거야! 여기서는 말이야, 남을 기다리게 만들고 싶으면 돈을 내야 되거든. 네놈이나 꺼져! 동상처럼 서 있지 말고. 다들 봐! 도대체 이 자식한테 품위 따위가 있을 리 없잖아."

품위란 말이 꽤 효과가 있었는지, 주변의 죄수들이 히죽히죽 웃기 시작했다. 바로 그것이 쾌활한 뚱보가 노리던 바였다. 아무래도 이 사내는 감옥 안의 어릿광대짓이 제 역할임을 자인하고 있는 듯했다. 껑다리 죄수는 깊은 경멸이 담긴 눈으로 그를 바라보았다.

(43~45쪽)

주변의 죄수를 자기와 대등한 인간으로 보면서, 한 명 한 명의 생활방식과 행동에서 인간적인 매력을 찾아내고 가만히 응시한다. 그것이 옥중에서 사는 작가 도스토옙스키의 눈이다. 『죽음의 집의 기록』 전편에 흐르는 '따뜻한 리얼리즘'은 바로 그런 눈이 파악한 현실의 모습이었다.

2

나는 앞에서 도스토옙스키가 죄수들 혹은 죄수들의 생활에 '다가간다'는 표현을 썼다. 확실히 도스토옙스키는 죄수들과 그 생활에 다가가, 그들의 행동·사상의 의미와 가치를 소설가의 눈으로, 따뜻한 눈길로 풍부하게 잡아낼 수 있었다.

그러나 그것이, 주변 죄수들이 죄수 도스토옙스키를 동료로서 친절하게 받아주었음을 의미하지는 않는다. 같은 죄수라고는 해도, 귀족 출신 의사의 아들로 페테르부르크 공병학교를 졸업하고 문학의 길에 뜻을 둔 도스토옙스키는 농민 출신의 대다수 죄수들과는 역시 차이가 났다. 신분의 벽은 감옥생활에서도 사라지지 않았다. 소설가 도스토옙스키는 주변 죄수들에게 충분히 다가갈 수 있었지만, 죄수 도스토옙스키는 그럴 수 없었다. 죄수 도스토옙스키는 주변 사람들과 친해져 같은 죄수 동료로서 지낼 수가 없었다.

감옥에 새로 온 이들은 들어온 지 두 시간이 지나면 하나같이 다른 모든 죄수들과 똑같은 사람이 되고, 제집에 있는 것처럼 되며, 모두와 동등한 권리를 지닌, 죄수 조합의 일원이 되어버린다. …… 모두가 그를 이해하고, 그 또한 모두를 이해하며, 모두와 잘 알게 되고, 그리고 모두 그를 동료라고 생각한다. 그런데 좋은 집안 출신이나 귀족의 경우는 그렇지 않다. 아무리 정직하고 선량하며 총명한 사람이라 하더라도, 몇 년 사이에 모두 합세하여 그를 증오하고 경멸하는 것이다. 아무도 그를 이해하지 않았고, 무엇보다 아무도 그를 신뢰하지 않았다. 그는 누구의 친구도 아니고 동료도 아니며, 그리고 몇 년이 지나 어찌어찌하여 가까스로 모두에게 모욕당하지 않고 지내게 된다 하더라도, 역시 모두의 동료는 아니어서, 영원히 괴로워하며, 자신이 백안시되는 고독한 존재라는 사실을 의식하고 만

다. (475~476쪽)

　뛰어넘을 수 없는 신분의 벽 앞에서 고독을 숙명으로 받아들이며 살 수밖에 없다. 그것이 도스토옙스키의 인식이었다. 그렇다면 대다수 죄수들의 증오와 경멸에 대해 이쪽에서도 증오와 경멸의 시선을 돌려주며 사는 편이 아마도 쉬웠을 것이다. 하지만 그렇게 지내면 주변 죄수들과의 공동생활은 성립되지 않았을 것이고, 그의 옥중생활은 주제넘은 자의식으로 가득 찬, 살풍경한 시간이 되었을 것이다.

　더 나아가서는 『죄와 벌』 『백치』 『악령』 『미성년』 『카라마조프의 형제』 같은 대작을 줄기차게 써낸 웅혼한 근대소설가도 어쩌면 탄생하지 않았을지도 모른다. 근대소설은 무엇보다도 보통사람들 한 명 한 명의 성격·사념思念·행동·취미에 흥미를 갖는 데서—바꾸어 말하면, 보통사람들을 개인으로서 사랑하는 데서—성립된 것이므로. 물론 근대소설은 사회 상층부를 이루는 권력자·귀족·특권계급도 사랑했지만, 그 못지않게 이름없는 하층민들을 사랑했고, 그런 사랑 없이 근대소설은 성립되지 않는다. 또한 인간을 살아 있는 개인으로 묘사하고, 동시에 사회의 모습을 구체적으로 표현하는 근대소설의 리얼리즘 역시 성립되지 않는다.

　주변 죄수들이 그를 증오와 경멸과 불신의 눈으로 보는데도 도스토옙스키는 그런 사람들에 대한 사랑을 기르고 있었다. 도스토옙스키는 신분의 벽 때문에 주변 죄수들에게 동료로 인정받지 못했지만, 자기가 먼저 동료로서 살려고 했던 것이다. 여기서 사랑이란 죄수 한 명 한 명에게 나름으로 강한 관심을 갖고, 그들의 말과 행동을 깊이 이해하는 것이었다. 그 성과인 『죽음의 집의 기록』은 당연히 섬세한 지성에서 나온 책이 되었는데, 섬세한 지성에서 나온 책이 소설이라는 형태를 취하고 있는 점이 참으로 도스토옙스키답다.

도스토옙스키는 신분의 벽을 나날이 느끼고 있었는데, 그것을 독자가 강하게 느낄 수 있는 장면이 『죽음의 집의 기록』에 몇 차례 나온다. 대표적인 것이 변변치 못한 식사에 분노하여 죄수들이 당국에 집단으로 항의하는 장면이다.

사정을 잘 모르는 도스토옙스키가 무슨 검사가 있어 모두 모여 있나 보다 착각하고 자기도 줄을 서려 하자, 동료들은 "너 같은 게 낄 자리가 아니야"라며 물리친다. 동료에게 따돌림당하는 고독함을 냉정하게 응시한 이런 인용문도 이 사건을 다룬 '항의'라는 소제목이 붙은 장에서 따온 것인데, 그 장의 끝부분에 다음과 같은 대목이 있다. 항의에 참가하지 못한 것을 후회하는 도스토옙스키가 다소 친분이 있는 죄수 페트로프에게 자기도 동료의 한 사람으로서 항의했어야 마땅하다고 말한다. 그러자 페트로프가 '당신은 동료가 아니야'라고 말한다. 그 정경을 묘사한 뒤에 이렇게 스스로 돌아본다.

그러나 그 순간에 특히 내 기억에 강하게 남은 것은 페트로프의 얼굴이었다. '당신이 어떻게 우리들의 동료입니까?'라는 그의 지적에는 꾸밈없는 소박함과 솔직한 의아함이 담겨 있었다. 그 말에 조금이라도 비꼬고 미워하고 놀리는 마음이 있지 않았는지 나는 생각해보았다. 아무것도 없었다. 그저 동료가 아니다, 그것뿐이었다. '너는 네 길을 가고, 우리는 우리의 길을 간다, 너한테는 네 일이 있을 것이고, 우리한테는 우리 일이 있다'는 말이었다. (499쪽)

페트로프는 예외적인 경우였을까. 그렇지 않을 것이다. 틀림없이 귀족 출신의 죄수를 증오하고 경멸하는 하층민 죄수의 한 사람인 페트로프가 이 장면에서는 비꼬고 미워하고 놀리는 마음이 전혀 없는, 소박함과 솔직함을 보여준 것이다. 비꼬고 미워하고 놀리는 마음에도 하층민 죄수들의 진실이 담겨 있지만, 페트로프의 소박함과 솔직함에도 마음의 진실이 반영되어 있다. 그것이 인간세계다. 집단으로서의 죄수들 내부에 감정·욕망·행동을 둘러싼 몇 겹의 층이 있고, 개개의 죄수들 내부에도 또 몇 겹의 층이 있다. 도스토옙스키는 그것을 똑똑히 깨닫고 감명을 받았던 것이다. 집단 내부에도 있고 개인 내부에도 있는 이런 중층구조에 시선을 모으고, 넓고 깊이 옥중생활에 마음을 열어가는 것, 그것이 바로 작가 도스토옙스키의 죄수에 대한 사랑이었다.

그 사랑은 결코 다른 사람이 쉽게 알아차릴 수 있는 것이 아니어서, 주변 죄수들은 어떻게 대응해야 할지 모를 사랑이었다. 그래서 그 스스로 말한 대로, 도스토옙스키는 '영원히' '고독한 존재라는 사실을 의식'해야 했지만, 고독 속에서 주변 세계에 대한 이해가 깊어짐에 따라 하층민들에 대한 신뢰도 깊어졌다.

그것과 관련된 일로 크리스마스를 다룬 대목을 들고 싶다.

시베리아 감옥에서도 크리스마스는 축제의 날이었다. 죄수들은 술을 마시며 나름으로 즐거운 한때를 보냈다. 그중에서도 가장 흥을 돋운 것은 연극공연이었다. 모두가 연극공연을 기대하고 있었는데, 죄수들은 연극에 정통한 이로 알려진 도스토옙스키에게 특별관람석을 내주었다. 증오와 경멸과 불신의 눈길을 받는 일이 많았던 도스토옙스키가 드물게 존경을 받은 장면이다. 그 장면을 도스토옙스키는 이렇게 받아들인다. 하층민들에 대한 도스토옙스키의 신뢰가 어떠한 것인지를 보여주기 위해 인용하는 것이지만.

연극이 상연되는 방에서, 그들은 내게 길을 내어주었다. 그들은 연극에 대해서는 내가 자기네보다 보는 눈이 있고, 많이 보았으며, 잘 알고 있다고 인정하고 있었던 것이다. ……그때 그들은 나를 공정하게 판단했고, 그 판단에는 어떤 비굴함도 없었으며, 오히려 가치에 대한 그녀들의 꾸밈없는 심정이 담겨 있다고 느꼈다. 우리나라 민중이 지닌 가장 고귀하고 가장 선명한 특징, 그것은 공정함의 감정과 공정함에 대한 갈망이다. 그 인간에게 그럴 만한 가치가 있든 없든, 어디에서든 무슨 일에서든, 걸리적거리는 것을 헤치고 앞으로 나가려 드는 수탉 근성, 그런 나쁜 버릇은 민중에게 없다. ……보는 눈이 있는 이는 민중에게서 예상치도 못한 것을 발견할 것이다. 우리나라의 현인들이 민중에게 가르칠 만한 것은 많지 않다. ……오히려 현인들이 민중에게 배워야 할 것이 아직도 많다. (287~289쪽)

감옥에서 민중과 지내면서 이러한 민중관을 제 것으로 만드는 태도, 그것은 선입견에 물들지 않은 맑은 눈으로 관찰하는 이가 아니라면 취할 수 없는 태도다.

4

『죽음의 집의 기록』은 난잡하고 혼란스러우며 무엇 하나 뜻대로 할 수 없는, 그러나 흥미롭고 풍요로움이 배어 있는 생활을 그리는 작품이지만, 그중에는 풍미가 조금 다른 장이 셋 있다. 제2부 첫머리에 나오는 '병원' '병원(계속)' '병원(계속)'이라는 세 장이다.

제목 그대로, 병원에 입원한 화자가 본 주변 환자들의 모습과 그들에게서 들은 다양한 이야기를 적은 장인데, 앞뒤의 장에서 보여주었던 따뜻한 리얼리즘이 사라져, 읽는 이를 어두운 세계로 끌고들어가듯 냉랭한 공기가 흐른다. 그리된 이유는 분명하다. 중심주제를 이루는 채찍형에 관한 이야기가 너무도 음산하고 비참하기 때문이다.

당시 러시아에서는 귀족 출신이 아닌 죄수는 채찍 몇 대 징역 몇 년하는 식으로 체형體刑을 선고받았다. 도스토옙스키는 채찍형의 구체적

실상을 처음으로 듣고 강한 충격을 받았다. 폭력이 인간성을 육체적으로나 정신적으로 철저하게 파괴하는 것이 채찍형이기 때문이다.

포악함은 습관이다. 그것은 차츰차츰 자라나, 마침내는 병이 된다. 나는 아무리 훌륭한 인간이라도 습관에 물들어 무디어지면, 야수 못지않게 포악해질 수 있다는 사실을 말하고 싶다. 피와 권력은 인간을 취하게 만든다. 점점 난폭해지고, 점점 타락한다. 마침내 지성과 감성이 가장 받아들이기 어려운 이상한 현상마저 기꺼이 받아들이게 된다. 포악한 인간의 내부에 있던 개인과 사회인은 영원히 사라지고, 인간의 존엄을 회복하고 참회를 통해 속죄하고 부활할 가능성은 거의 없어진다. ……간단히 말하자면, 다른 인간에게 체형을 가할 권리를 어떤 인간에게 주는 것은 사회악의 하나이고, 사회가 그 내부에 품은 모든 문명의 싹과 가능성을 뿌리째 뽑아버릴 가장 강력한 수단의 하나이며, 사회를 절대로 피할 수 없는 붕괴로 이끌 완전한 요인要因이다. (366쪽)

사람에 따라 천 대 혹은 2천 대까지 채찍질을 했다고 한다. 형을 받는 자가 버텨낼 수 없을 것 같을 때는 중단하고, 입원시켜 치료하고, 체력이 회복되면 다시 채찍질을 했다고 한다. 제정 러시아의 폭정을 날것으로 보여주는 형벌이다. 형을 받는 자와 형을 집행하는 자 모두가 인간적으로 파괴될 수밖에 없는 제도였다.

눈 뜨고 보기 힘든 이 형벌에 도스토옙스키는 강한 관심을 보였다. 형을 받는 자의 육체적 고통과 공포심리에도 시선을 주었지만, 형을 집행하는 자의 모습에 더욱 큰 관심을 쏟았다. 앞의 인용도 형을 가하는 쪽의 포악함을 말해주는 문장이지만, 다음과 같은 더 구체적인 기술이 있다.

살아 있는 인간은 기계는 아니다. 형리는 제 할 일이기 때문에 채찍을 휘두른다 해도, 역시 때로는 흥분하여 미친 듯이 날뛸 때도 있다. 은밀한 만족감을 느끼면서 때리기는 했지만, 그럼에도 제 일의 희생자에게 개인적인 증오를 품는 일은 거의 없었다. 채찍을 휘두르는 솜씨, 제 일에 대한 지식, 동료와 구경꾼들 앞에서 멋진 모습을 보여주고 싶은 마음이 그의 자존심을 부채질했다. 그가 신경 쓰는 것은 기술이었다. 게다가 그는 자기가 모두에게 미움을 받는 자이고, 어디에 가든 미신적인 공포의 대상이 된다는 사실을 잘 알고 있었다. 그리고 그것이 그에게 나쁜 작용을 하지 않았다고, 흉포한 야수로 전락하는 데 일조하지 않았다고는 보증할 수 없다. 그가 '부모와 연을 끊었다'는 사실은 꼬맹이들도 알고 있다. 기묘한 일이지만, 내가 만났던 이들에 국한하면, 형리들은 모두 세상물정을 아는, 지능이 높은 사람들이었고, 이상할 정도로 자존심과 자긍심이 있었다. 세상 일반의 모멸을 되받아치기 위해 자긍심이 발달한 것인지, 희생자에게 심어준 공포감과 희생자에 대한 우월감 때문에 강

화된 것인지 나로서는 알 수 없다. (368~369쪽)

형리도 하층민중의 한 사람이다. 그러나 이 인용문에서 민중에 대한 사랑이라 할 만한 것은 느껴지지 않는다. 치열한 관심과 날카로운 관찰은 있지만, 그것은 사랑의 발로가 아니다. 여기서는 채찍형의 폭력성을 단죄하는 윤리의식이 민중에 대한 사랑을 훨씬 넘어선다. 따뜻한 리얼리즘과는 종류가 다른, 비인간적인 악을, 흉포하고 짐승 같은 것을 응시하려는 냉엄한 리얼리즘의 눈이 여기에 있는 것이다.

그리고 그 냉엄한 눈은 보통사람들을 개인으로서 사랑하는 눈길과 더불어, 근대소설을 성립시키려면 꼭 있어야 할 눈이었다. 현실세계의 진상에 바짝 다가가려 한 근대소설은 사회와 개인의 부정적인 면, 어두운 부분, 악을 똑바로 보지 않으면 입체적인 소설세계를 만들어낼 수 없었다. 도스토옙스키의 소설에 친숙한 사람이라면, 그의 모든 장편소설에서는 악·악인·악행이 근원적이고 본질적인 요소를 이룬다는 사실을 에누리없이 인정할 것이다. 악이 광채를 발하는 것이 도스토옙스키의 소설이다.

『죽음의 집의 기록』은 후기 장편소설에 비하면 현격하게 허구성이 희박하고, 그래서 채찍형을 묘사하는 대목에서는 행위의 비인간성과 형리의 폭력성이 날것 그대로 육박해오기 때문에, 그 부분까지 광채를 발한다고 평하기는 어렵다. 하지만 도스토옙스키가 침통한 분노를 토로하며, 어둡고 그늘지고 우울한 톤으로 우물거리듯 나아가는 '병원' 세 장이 너무나 가혹한 내용 때문에 읽는 이를 끌어당기는 것 또한 분명하다. 그 세 장이 없었다면 『죽음의 집의 기록』은 다소 깊이가 떨어지는 작품이 되었으리라 생각한다. 작품의 밑바닥에 흐르는 휴머니즘에 어두운 그림자를 떨어뜨리는 세 장이 있기 때문에 『죽음의 집의 기록』은 정녕 도스토옙스키의 작품인 것이다.

　사람들이 시선을 피하고 싶어지는 것에 좀더 강하게 마음이 끌려, 그것에 들러붙는 일체의 정념情念을 떨쳐내고 빠져나가, 사태의 진상에 바싹 다가가려 한다. 부정적인 것에 대한 그런 지향성을 옥중생활에서도 견지했던 도스토옙스키는 소설가로서 대성할 수 있는 감옥 바깥의 현실로 돌아왔던 것이다.

IV

信仰
신앙

고백

팡세

기독교의 본질

거룩한 드라마
아우구스티누스 『고백』

나는 신앙과는 거리가 먼 인간이다.

신이든 부처든 간단히 믿을 마음이 생기지 않는다. 믿고 싶다고도 생각지 않는다. 믿는 사람이 있다는 것은 알고 있고, 신앙으로 기우는 심리도 이해할 수 없는 것은 아니지만, 그러한 사람, 그러한 심리와 나 사이에 일정한 거리가 있음을 느낀다. 차가운 거리는 아니지만, 쉽사리 좁혀지지 않을 거리이다.

『고백』을 쓴 아우구스티누스는 무엇보다 신앙의 사람이다. 『고백』은 신을 믿는 것이 무엇인지를 말해주는, 신앙인의 정신을 보여주는 하나의 전형이라 생각한다.

하지만 그 정신의 모습은 내게 친숙하지 않다. 친숙한 것으로 보고 싶지도 않다. 그저 거리를 두고 객관적으로 볼 수 있을 뿐이다. 신앙인의 정신을 보여주는 하나의 전형이라 파악한 것도 어쩌면 피아彼我의 거리 때문인지 모르겠다. 그러면 됐다. 신앙과 별로 인연이 없는 자의 눈에 신앙인의 전형적인 모습은 어떻게 비치는가. 그것을 적고 싶다.

1

『고백』은 크게 세 부분으로 나뉜다. 제1권~제9권에서 자기의 과거 행적을 고백하고, 제10권에서 현재의 심경을 토로하며, 제11권~제13권에서 성경을 신학적·철학적으로 해석하는 구성을 취하고 있다.

아우구스티누스는 자기의 죄와 악과 약함을 가차없이 들추어내고, 반대로 신의 선함과 위대함을 찬양하는 자세로 일관한다. 예를 들면,

> 저는 누구이고, 어떠한 자였습니까. 도대체 제가 행하지 않은 악이 있겠습니까. 행하지 않았다 해도, 말하지 않은 악이 있겠습니까. 말하지 않았다 해도, 바라지 않은 악이 있겠습니까. 그러나 주여, 자비로움이 깊고 은혜로움이 넘치는 당신은 전능의 오른손으로, 제 죽음의 깊이를 살피시고, 마음의 밑바닥에서 부패의 못물을 남김없이 퍼내어주셨습니다. 그리하여 저는 제가 바라던 것을 이제는 바라지 않고, 당신이 바라시는 것을 바라게 되었습니다. (288~289쪽)

기독교로 회심하기 전과 회심한 뒤를 대비해서 말한 대목인데, 나는 아무래도 회심하기 전의 아우구스티누스가 극악무도한 사람이었다는 생각은 좀체 들지 않는다. 또한 회심한 뒤 '제가 바라던 것을 이제는 바라지 않고, 당신이 바라시는 것을 바라게 되었'다는 말도 선뜻 믿기지 않는다.

내가 믿을 수 있는 것은 아우구스티누스의 신앙심에서 나온 말, 즉 '예전의 나는 악에 푹 젖어 살던 비참한 존재였고 전능하신 신께서 나를 구제해주신 위대한 존재임을 믿는다'는 말에서 느껴지는 진솔함이다. 회심하기 전의 이미지나 회심한 뒤의 이미지는 분명 과장된 것처럼 보이는데, 신앙인 아우구스티누스는 그 과장된 이미지를 진실한 제 모습이라 생각하고 싶었던 것 같다.

왜 이런 일이 일어났을까.

그런 물음을 던질 때, 우리들은 기독교적 고백의 본질에 딱 직면한다.

전능하신 신이 계시고, 죄 많은 내가 있고, 죄 많은 자기를 고백하는 또 하나의 내가 있다. 이것이 종교적 고백의 기본구도이다. 그리고 고백은 고백하는 자신의 의식에 입각하여, 또한 그 의식에 비추어 진행된다.

고백하는 나는 신을 찬양하는 신앙인이다. 제 죄를 고백하는 형태로 신을 찬양하려 하면, 신을 높은 곳에, 자기를 낮은 곳에 두는 상하관계를 상정하기 마련이다. 신을 더욱더 높은 곳에 두는 것과 제 죄가 얼마나 깊은지 철저하게 추구하는 것은 고백하는 자의 의식에서 표리일체를 이룬다. 죄가 얼마나 깊은지 명백해질수록 신을 더더욱 위대한 존재로

우러러보게 되는 관계가 성립된다. 유능한 인간은 전능하시고 무한하신 신을 파악하기 힘들고, 찬양한다 하더라도 추상적인 찬사를 늘어놓는 것 외에 다른 방법을 찾기 어려우므로, 제 자신의 죄 많음과 약함을 찾아내는 눈을 더 갈고닦는 그런 심정이 있는지도 모르겠다. 자기의 죄 많음과 약함을 과장하고 싶어진다 한들 딱히 이상할 것도 없다.

구체적인 예를 들어보자. 젊은 시절에 패거리와 함께 도둑질을 한 이야기다.

우리집 포도밭 근처에 열매가 열려 있는 배나무 한 그루가 있었는데, 그 열매는 생김새도 그렇고 맛도 그렇고 딱히 매력적인 것은 아니었습니다. 그 나무를 흔들어 열매를 떨어뜨리기 위해 우리 사악한 젊은이들은 한밤중에 몰래 숨어들어갔습니다. 그때까지 우리들은 역겨운 습관에 따라 광장에서 줄곧 빈둥빈둥 놀고 있었습니다. 그리고 열매를 잔뜩 땄습니다만, 우리들이 먹지는 않고, 결국 돼지에게 던져주면 어떨까 이야기했습니다. 물론 우리들도 몇 개 먹었습니다만, 그것은 금지된 일을 하는 것이 즐거워서 그랬을 뿐입니다. (97쪽)

악동들이 한밤중에 남의 밭에 들어가 배나무를 흔들어 열매를 떨어뜨리고, 그것을 몰래 가져왔다. 도둑질이라고는 해도 반항기에 접어든 젊은이에게 흔히 있을 법한, 그저 사소한 장난이었다. 걸리면 야단맞았겠지만, 그걸 가지고 죄악이니 어쩌니 몰아붙인다면 그쪽이 오히려 부자연스러울 것이다. 그것이 세상의 상식이다.

그런데 고백자 아우구스티누스는 그 행동을 이렇게 파악한다.

> 하느님, 이것이 제 마음입니다. ……이 마음은 ……스스로 악인이 되고, 그저 악한 마음을 위해 악한 마음을 일으키는 그런 짓을 저질렀습니다. ……악한 마음은 추한데도 저는 그것을 사랑했습니다. 멸망을 사랑했고, 제 결함을 사랑했습니다. 저에게 결여되어 있던 것이 아니라, 참으로 제 결함 자체를 사랑했습니다. 추한 영혼, 그것은 당신의 견고한 성채를 빠져나와 파멸을 향해 뛰어내렸고, 치욕을 통해 무엇을 찾으려 함이 아니라 바로 치욕 자체를 찾으려 했습니다. (98쪽)

과격한 말을 떠벌리며, 지나친 단죄를 저지르고 있다는 인상을 지우기 어렵다.

젊은 시절, 패거리들과 함께 재미삼아 배를 서리했다. 고작 그만한 행위에 대해 뭘 이렇게까지 심각하게 반성을 할까 하는 생각이 든다.

그러나 아우구스티누스의 신앙심은 그렇게 말하지 않으면 제 스스로 납득할 수가 없다. 배를 서리한 행위가 사회적으로 얼마만한 범죄이고, 세상의 상식이 그것을 어떻게 받아들이느냐 따위는 아무래도 좋았다. 서리를 한 자기와 고백하는 자기가 신 앞에서 어떻게 내면적으로 관계를 맺느냐. 고백자 아우구스티누스의 관심은 오직 거기에 있었다. 행위 안쪽에 숨어 있는 자기의 악한 마음이나 추함·결함·치욕을 어디까지 꿰뚫어보았는가. 그렇듯 엄격하게 고발하는 자세로, 아우구스티누스는 과거의 행위와 대면하려는 것이다. 신이 과거의 자기와 현재의 자기 둘 모두 구제해주리라고 믿지 않았다면, 두 개의 자기가 내면에서 맞선 채, 양쪽 다 자기혐오의 구렁텅이에 빠져들 것 같은 의식 상태이다.

2

지금 나는 '신이 구제해주리라 믿지 않았다면'이라고 말했다. 이것을 거꾸로 말할 수도 있다. 자기고발이 과격해지는 이유는 바로 지고지선한 신을 믿기 때문이라고.

근저에 있는 것은 신과 현실의 대립이다.

> 저를 아시는 이여, 저로 하여금 당신을 알게 하소서. ……제 영혼을 당신의 뜻에 맞게 만드시고, 저로 하여금 영혼을 티 없이 주름 없이 간직할 수 있게 하소서. 그것이야말로 저의 바람입니다. …… 그와는 반대로 이 세상의 다른 모든 것은 한탄하면 할수록 한탄할 가치가 없는 것이 되고, 거꾸로 한탄하지 않으면 더욱더 한탄스러운 것이 됩니다. (326쪽)

신은 선하고 티 없으며 희망적인 것이고, 세상은 한탄스러운 것 또는 한탄할 가치가 없는 것이다. 그것은 기독교적 세계관의 기본도식이라 해도 무방하고, 『고백』 또한 그 도식을 착실히 따르고 있다. 크게 세 부분으로 이루어진 『고백』이 어느 부분에서나 신을 찬양하는 것을 필수과제로 삼은 이상, 신과 현실의 대립은 단순히 '도식을 착실히 따르고' 있다는 표현만으로는 부족할지 모르겠다. 대립을 어떻게 선명하게 그려내느냐, 거기에 아우구스티누스의 신앙심이 얼마나 강한지, 얼마나 순수한지가 걸려 있다, 그렇게 말해야 옳을 것이다.

신과 현실, 신과 자기의 대립을 선명하게 그려내기 위해 아우구스티누스는 『고백』 전편에 걸쳐 극적인 수법을 구사했다. 앞서 문제로 삼았던, 젊은 시절에 배를 서리한 일을 엄하게 지탄하며 글을 쓰던 태도에서 '선하신 신과 사악한 자기'라는 극적인 수법을 확실하게 볼 수 있었는데, 육신의 정욕을 기술하는 다음과 같은 부분에서도 같은 수법을 엿볼 수 있다.

전능하신 하느님, 당신의 손은 제 영혼의 모든 병을 치유하시고, 지금보다 더욱 풍성한 은혜를 베푸시어, 수면 중의 음란한 마음의 움직임까지 근절시키는 것은 불가능하신 일이옵니까.

주여, 제 안에 그 선물을 더욱 풍성하게 더해주십시오. 그리하시면, 제 영혼은 정욕의 사슬에서 벗어나, 자기를 따르면서 당신을 향해 나아가고, 자기를 거스르는 일 없이, 수면 중에도 감각적 심상에 휘둘러 저 더러운 추행을 하여 몽정夢精에 이르는 일이 없을 뿐만 아니라, 육신의 정욕에 동조하는 일이 완전히 없어질 것입니다.

이러한 종류의 어떠한 유혹도 기뻐하지 않고, 가령 수면 중이라도 마음이 깨끗한 사람이라면 뜻대로 억누를 수 있을 미약한 유혹일 경우에도 기뻐하지 않도록, '이 세상에서'뿐만 아니라 '지금 이 나이에' 해주시는 것, 이것은 '우리가 구하거나 생각하는 모든 것에 더 넘치도록 능히 하실' 전능하신 당신께는 결코 어려운 일이 아닙니다. (368~369쪽)

아우구스티누스의 육체를 무대 삼아, 신과 육신의 정욕이 다툼을 벌이는 드라마라고 해야 할까. 악역을 맡는 것은 육신의 정욕만이 아니다. 그뒤에 식욕, 후각, 귀의 쾌락, 눈의 쾌락, 호기심, 교만 등이 악역으로 잇달아 등장한다.

그러나 악역의 수가 많긴 하지만 하나하나 뜯어보면 안타깝게도 독자의 시선을 잡아끄는 것이 없다. 신과의 대립이라는 도식에 억지로 구겨넣은 것 같아서, 대립이 진전되는 가운데 악역에게서 폭과 깊이가 나오질 않는다.

폭과 깊이가 생기려면, 가령 육신의 정욕에 대하여 '육신의 정욕은 정말로 나쁜 것인가, 육신의 정욕은 신과 정말로 양립할 수 없는 것인가, 육신의 정욕을 긍정하면서 신을 향해 가는 길은 없는가' 하는 의문이 제시되어야 한다. 그리고 그런 의문 앞에 멈춰서서, 신과 육신의 정욕이 대립하는 모습을, 어쩌면 양자가 하나로 합쳐지거나 위치가 서로 바뀔 수 있는 가능성을 포함하여 고찰해야 한다. 하지만 신을 찬양하는 것을 대전제로 삼고 있는 『고백』에는 그러한 변증법은 어울리지 않는다. 신은 더욱더 높은 곳으로 밀어올리고, 육신의 정욕과 그 밖의 다른 것은 더욱더 낮은 곳으로 밀쳐내리는 것이 『고백』의 기본 극작법이다. 수면 중에 발생하는 육신의 정욕조차 억누르려고 하는 엄격주의는 거기에서 나온다.

그러한 엄격주의는 타인이 연관되거나 얽혀들면 사람들의 생활 자체를 숨막히게 규율하기 십상인데, 다행히 『고백』의 주장에 그처럼 강요하는 듯한 태도는 없다. 아우구스티누스의 관점은 제 자신에 한정되어 있고, 그러므로 독자는 그 드라마를 거리를 두고 볼 수 있다. 『고백』은 오로지 자기 자신에게 시선을 두고 있기 때문에, 다른 사람에게 열린 책이 된 것이다.

3

『고백』은 신과 이 세상, 신과 나의 대립이라는 드라마를 도처에 짜넣으면서 진행되는데, 숱한 드라마 가운데 정점을 이루는 것은 아우구스티누스가 서른두 살 때 마니교에서 가톨릭으로 개종하는 회심의 드라마이다.

회심은 정원의 무화과나무 그늘에서 일어났다.

저는 아직 제가 저 〔옛날의〕 불의不義에 사로잡혀 있음을 느꼈습니다. 저는 애처로운 목소리로 부르짖었습니다.

"도대체, 언제까지, 언제까지, 내일, 또, 내일입니까. 어째서 지금이 아닙니까. 왜 지금 이 순간에 추잡한 제가 끝나지 않습니까."

저는 이렇게 말하면서, 가슴을 마구 치며 쓰라린 회한의 눈물을 떨구며 울고 있었습니다. 그때였습니다. 옆집에서 반복되는 리듬으로, 소년인지 소녀인지 모르겠습니다만, '들고 읽어라. 들고 읽어라' 하는 소리가 들려왔습니다.

순간 저는 안색을 고치고, 아이들이 보통 무슨 놀이를 할 때 저런 문구를 노래할까, 곰곰이 생각하기 시작했습니다. 하지만 어디에서도 그런 노래를 들은 적은 한 번도 없었습니다. 저는 왈칵 쏟아지려는 눈물을 꾹 참고 일어섰습니다. 이것은 성경을 펴고, 첫눈에 들어온 장을 읽으라는 신의 명령이 분명하다고 해석한 것입니다. ……

그래서 저는 서둘러 〔친구〕 알피우스가 앉아 있던 곳으로 돌아갔습니다. 거기에 저는, 일어나 떠났을 때, 사도의 책을 두고 왔기 때문입니다. 그 책을 집어들고 펼쳐서, 첫눈에 들어온 장을 말없이 읽었습니다.

"방탕과 술 취하지 말며 음란과 호색하지 말며 쟁투와 시기하지 말고 오직 주 예수 그리스도로 옷 입고 정욕을 위하여 육신의 일을 도모하지 말라."

저는 더 이상 읽고 싶지 않았고, 그럴 필요도 없었습니다. 왜냐하면 그 구절을 다 읽은 순간, 마음을 편안하게 하는 빛 같은 것이 마음속에 쏟아져들어왔고, 모든 의심의 어둠이 사라져버렸기 때문입니다. (285~286쪽)*

신앙이 없는 자에게도 그 정경과 내면의 고양감이 확실히 전달되는 명문이라 생각한다. 이런 유의 회심이 나한테 일어나리라고는 믿을 수 없지만, 정신적 위기에 처한 누군가에게 일어났을 수도 있고 일어날 수도 있다는 것은 믿을 수 있다.

그러나 공감할 수 있는 것은 거기까지다. 회심을 바라고, 회심을 실현한 아우구스티누스 심리의 심층으로부터 그 바깥을 향해 내 나름으로 사색을 풀어가기는 어렵다.

회심에 힘입어 아우구스티누스는 마니교에서 가톨릭으로 개종했다고 하는데, 개종을 좋다고 볼 근거는 어디에 있는 것일까. 아우구스티누스는 마니교의 선악이원론善惡二元論보다 가톨릭의 '무에서의 창조'가 우월

---

* 로마서 13장 13~14절. 대한성서공회 성경전서(1964년)의 번역을 따랐다. 공동번역 성서(1977년) 해당 부분은 이렇다. "진탕 먹고 마시고 취하거나 음행과 방종에 빠지거나 분쟁과 시기를 일삼거나 하지 말고 언제나 대낮으로 생각하고 단정하게 살아갑시다. 주 예수 그리스도로 온 몸을 무장하십시오. 그리고 육체의 정욕을 만족시키려는 생각은 아예 하지 마십시오."

하다고 말하지만, 그 근거는 어디에 있는가. 아우구스티누스는 '마니교는 사교邪教, 가톨릭은 정교正教'라는 생각을 당연한 전제로 깔고 『고백』을 써가고 있지만, 그는 그 생각을 가톨릭 신자가 아닌 사람들도 받아들일 것이라고 생각하고 있었을까.

의문은 꼬리에 꼬리를 물고 머리를 내미는데, 『고백』에서는 그것을 풀 만한 실마리가 제공되지 않는다. 의문을 풀려고 사색을 진행하려면, 내면심리(신앙심)를 넘어선 사상의 지평으로 나아가야 하는데, 『고백』은 오로지 내면의 심층으로만 내려가려 할 뿐이다. 의문을 봉인하고 읽어라, 『고백』이라는 책은 그렇게 중얼거리고 있는 듯하다.

기독교를 믿는 사람이라면, 이 책을 전혀 다르게 읽을지도 모르겠다. 그런 생각이 들기도 한다. 하지만 그렇게 생각해도, 믿지 않는 내가 품은 불만을 철회할 생각은 들지 않는다. 세상에 널리 퍼진 책은 특정한 입장이나 특정한 사상신조를 가진 사람들뿐만 아니라, 널리 크게 모든 입장과 사상신조를 가진 사람들에게 열려 있고, 열려 있는 것이 당연하다고 생각하기 때문이다.

그런 점에서 보면, 『고백』에서 펼쳐지는 내면의 드라마는 신을 저 멀리 의식하면서 자기가 자기와 맞서는 심각함·성실함·치열함을 충분히 느끼게 만들기는 하지만, 그 내면이 신과 자기의 관계에서 완결되는, 지나치게 폐쇄적인 세계라고 생각한다. 다른 관점에서 말한다면, 당파성이 너무 강하다.

비교해서 말한다면, 『구약성경』이나 『신약성경』의 드라마는 훨씬 개방적인 세계를 이루고, 당파성도 강하지 않다. 신앙에 몸을 푹 담근 상태에서 쓴 『고백』이 굳이 신앙 바깥의 세계와 강한 긴장관계를 유지해야 할 이유는 없어 보인다. 그러므로 내면의 풍성함이 인간관계의 풍성함이나 생활관의 풍성함으로 이어지지 않은 것을 나는 안타깝게 생각한다.

숨어 있는 신
파스칼 『팡세』

파스칼을 떠올리면 불행한 사상가라는 인상이 강하다.

불행은 강렬한 신앙심에서 왔다. 사람들의 마음이 기독교 신앙에서 멀어져가고, 기독교 사상을 대단히 의심스런 시선으로 바라보던 시대에, 강렬한 신앙심을 계속 간직하려 한 기독교인이 행복할 리는 없었다.

하지만 파스칼은 불행을 한탄하지 않았다. 대표작 『팡세』에서 탄식하는 소리는 들리지 않는다. 불행을 탄식하는 것이 아니라, 불행이 어디에서 오는지를 냉정하게 분석했다. 그것이 『팡세』에 일관된 자세이다. 『팡세』는 파스칼이 자기가 살던 시대와 제 자신의 삶의 방식이 빚어내는 부조화를 다양한 각도에서 날카롭고 깊이 있게 분석한 지성의 책이다. 파스칼의 신앙심을 공유하지 않는 자에게도 그 씩씩하고 굳센 지성의 말은 강한 호소력이 있다. 언제 읽든, 어디를 읽든, 인간이란 무엇인가를 생각하게 만드는 것이 『팡세』이다.

파스칼과 시대의 부조화를 상징하는 것으로, 예를 들면 '숨어 있는 신'이라는 생각이 있다. 기독교의 신은 누구나 볼 수 있도록 모습을 드러내지 않는다. 신이 있는지 없는지, 확실치 않게 드러내는 방식을 취한다. 그것이 '숨어 있는 신'이고, 파스칼은 그것이야말로 정당하고 유익하게 신이 드러나는 방식이라고 말한다.

> 만약 불분명하지 않았다면, 인간은 제 타락을 알아차리지 못했을 것이다. 만약 빛이 없었다면, 인간은 구원을 바라지 않았을 것이다. 따라서 신이 부분적으로 숨어 있고 부분적으로 모습을 드러낸 것은 우리에게 정당할 뿐만 아니라, 또한 유익하기도 하다. 왜냐하면 자기의 비참함을 알지 못하고 신을 아는 것도, 신을 알지 못하고 자기의 비참함을 아는 것도 인간에게는 똑같이 위험하기 때문이다. (586)

괴로운 어법이다.

기독교의 신은 영광으로 빛나는 전지전능한 신이다. 만물을 창조하고, 세계 구석구석에 자비와 은총을 베푸는 무한의 신, 절대의 신이다. 그 신이 우리 인간에게 '부분적으로 숨어 있고 부분적으로 모습을 드러낸'다고 파스칼은 말한다. 선선히 받아들이기 힘든 표현이다. 절대의 신은 모든 곳에 당당하게 모습을 드러내는 것이 어울린다.

그러나 파스칼의 시대는 더 이상 너나 할 것 없이 순진하고 무심하게 신을 믿는 그런 시대가 아니었다. 신에 대한 불신과 의심이 사회에 확산되고 있던 시대였다. 신이 어디에나 있고 누구에게나 보이는 이미지는 시대감각에 맞지 않았다. 맞지 않더라도, 영광에 가득 찬 당당한 신의 이미지를 계속 간직하는 입장도 있을 수 있다. 하지만 그것은 파스칼의 입장은 아니었다. 신을 믿으면서, 시대와 더불어 살고, 시대의 내부로 깊이 파고들어 신의 이미지를 뽑아내려는 것이 파스칼의 입장이었다. 그 입장에 설 때, 신은 얼마나 어색해 보이든 간에 '부분적으로 숨어 있고 부분적으로 모습을 드러'내고 있는 신이어야 했다. 파스칼과 시대의 어찌할 도리 없는 관계에서 탄생한 것, 그것이 '숨어 있는 신'이었다.

1

한편에 기독교의 신을 열렬하게 믿는 자기가 있다. 다른 한편에 신에게서 차츰차츰 멀어져가는 사회가 있다. 멀어져가는 신과 사회 양쪽으로부터 파스칼을 향해 강한 인력이 작용한다. 파스칼은 신과 딱 일치할 수도, 사회와 완전히 일체화될 수도 없어, 오른쪽으로 갔다 왼쪽으로 갔다 했다.

위치는 일정하지 않지만, 어느 자리에서든 관찰하는 시선은 냉정하고 날카로웠다.

『팡세』 첫머리의 유명한 '기하학의 정신과 섬세의 정신의 차이를 논한 단장'부터가, 작동하는 방식이 크게 다른 두 개의 정신을 함께 긍정하면서 둘 다를 파고들어 차이를 명석하게 인식하고 적확하게 표현하려는 의욕이 넘치는데, 여기서는 그보다 조금 뒤에 나오는 단장에서 매듭을 짓는 문장 하나를 인용하기로 한다.

철학을 경멸하는 것이야말로, 참으로 철학하는 것이다. (4)

파스칼은 철학을 긍정하고 있는가, 부정하고 있는가. 인용문을 보아서는 어느 쪽인지 결정하기 어렵고, 『팡세』 전체를 보아도 어느 쪽이라고 단정할 수 없다. 위치가 일정하지 않기 때문이다.

하지만 긍정인지 부정인지 알 수 없는 위치에서 철학의 본질적인 일면을 멋지게 포착하고 있다. 철학이 세계의 총체와 대결하면서 사고에 사고를 거듭해가면, 반드시 어딘가에서 철학 자체가 부질없게 느껴진다는 일면을.

사고의 그러한 역설은 파스칼의 주변에서 얼마든지 예를 찾을 수 있는 것이었지만, 파스칼은 그것을 남의 일에서만 관찰하는 데서 그치지 않았다. 날카로운 눈은 제 안에 있는 역설도 놓치지 않았다. 다음에 인용하는 것은 사고의 역설에 비하면 훨씬 통속적인, 허영에 관한 역설인데, 파스칼의 눈은 예리함을 조금도 잃지 않았다.

허영은 그렇게도 깊이 인간의 마음에 닻을 내리고 있기 때문에, 군인도 심부름꾼도 요리사도 인부도 제각기 자만하고, 자기를 칭찬해줄 사람을 얻으려 한다. 그리고 철학자들조차 그것을 얻고 싶어한다. 또한 그것에 반대해서 쓰고 있는 사람들도 솜씨 좋게 썼다는 칭찬을 듣고 싶어한다. 그들이 쓴 것을 읽는 사람들은 그것을 읽었다는 칭찬을 듣고자 한다. 그리고 이 글을 쓰는 나 또한 아마도 그런 욕망이 있고, 이 글을 읽는 사람들 역시 아마도…… (150)

허영심과 명예심은 질 좋은 마음의 움직임이라 말하기는 어렵지만, 방심하면 금방이라도 고개를 쳐드는 성가신 마음의 움직임이기는 하다. 파스칼은 그것을 깊이 있게 살핀다. 그렇기는 해도 허영심이나 명예심을 부정하고 극복하려고 깊이 있게 살피는 것은 아니다. 부정하고 극복하기 전에, 성가신 허영심과 명예심의 실상을 꿰뚫어보고 싶은 것이다. 이윽고 실상이 보인다. 그러자 그것은 어떤 사람에게나 숨어 있고, 손쉽게 부정하거나 극복할 수 있는 것이 아님을 알게 된다. '깊이 인간의 마음에 닻을 내리고 있'다는 것은 그런 의미다.

그러면 어떻게 할 것인가. 파스칼은 아무 말도 하지 않는다. 허영심과 명예심을 꿰뚫어보지만 실천을 위한 안내 따위는 함부로 하지 않는다. 안내를 하려면 일상적인 선악·이해利害·득실의 세계로 돌아와야 할 터인데, 파스칼의 사고는 어디까지나 대상의 안쪽에 숨어들려 한다. 거기에는 지적 호기심이 순진무구하게 작동하는 모습이 있다.

다음으로, 지적 호기심이 종교적 대상을 향했을 때의 모습을 보기로
하자.

왜 가짜 기적·가짜 계시·마술 따위가 많을까 생각한 결과, 가짜
속에 진짜가 있기 때문이라는 생각이 들었다. 왜냐하면, 진짜 기적
이 없었다면 가짜 기적이 많을 리 없고, 진짜 계시가 없었다면 이렇
게 많은 가짜 계시가 있을 리 없으며, 진짜 종교가 하나도 없었다면
이렇게 많은 가짜 종교가 있을 리 없기 때문이다. 그런 진짜가 전혀
없었다면, 인간이 그것들을 생각해내는 것은 거의 불가능하고, 다
른 많은 사람들이 그것을 믿는 것은 더더욱 불가능하다. 하지만 참
으로 위대한 진짜가 있고, 더구나 저명한 이들이 그것들을 믿어왔
기 때문에, 그 인상이 거의 모든 사람에게 가짜를 믿게 한 원인이
되었던 것이다. 따라서 가짜 기적이 많기 때문에 진짜 기적이 없다
고 결론을 내릴 게 아니라, 오히려 가짜가 많기 때문에 진짜 기적이
있는 것이고, 진짜가 있기 때문에 가짜도 있는 것이며, 그와 마찬가
지로 진짜 종교가 있기 때문에 가짜 종교도 있는 것이라고 말해야
할 것이다. (818)

가짜와 진짜를 구별하는 것도 인간사회에 귀찮게 따라다니며 떨어지
지 않는 성가신 문제이다. 과연 파스칼이 흥미를 느낄 법한 문제이다.
가짜와 진짜를 구별하는 게 문제가 되는 것은 그것이 가짜인지 진짜

인지 확실하지 않은 경우이다. 진위가 확실하지 않기 때문에 진위를 묻게 되고, 진위를 묻는 것은 진위가 분명하지 않음을 은연중에 인정하는 것이다. 그렇다면 기적·계시·종교의 진위를 묻는 파스칼은 기적·계시·종교에 대해 그 진위가 확실하지 않다고 생각한다는 말이다. 열렬한 기독교 신자 파스칼은 어디로 간 것일까.

어디로도 가지는 않았지만, 여기에서는 숨어 있다. 숨어 있는 신앙인 파스칼 대신에 지성인 파스칼이 종교의 진위를 묻고 있다. 물음은 신앙을 흔들 수도 있지만, 무슨 일에든 의심을 멈추지 않는 지성의 본성 때문에 어찌할 도리가 없다. '지성은 지성이 갈 수 있는 지점까지 갈 수밖에 없다'는 각오 아래 『팡세』의 사고가 전개된다.

지성과 신앙은 파스칼 안에서도 쉽사리 이어지지 않았다. 그것을 보여주는 좋은 예가 지성을 통해 신앙을 뒷받침하려고 쓴 다음과 같은 문장이다.

예수 그리스도가 (메시아라는) 가장 큰 증거는 예언이다. 신 역시 예언을 위해 최대한으로 준비하셨다. 왜냐하면 예언의 성취로 일어난 사건은 교회의 발생에서 종국에 이르기까지 계속된 일대 기적이기 때문이다. 그리하여 신은 1600년간 예언자들을 일으켰고, 그리고 그 뒤 400년간 그들이 한 모든 예언을, 그것을 전달한 이들인 모든 유대인들과 함께, 세계 도처에 퍼뜨렸다. 이런 일들이 예수 그리스도의 강림을 위한 준비였다. 전세계 사람들이 그 복음을 믿어야

했기 때문에, 그것을 믿게 하기 위해 예언이 필요했을 뿐만 아니라, 그것을 전세계 사람들이 받아들이게 하기 위해 전세계에 예언을 퍼뜨릴 필요가 있었다. (706)

파스칼이 좋아한 논의여서 같은 뜻의 말이 『팡세』에 거듭 등장하지만, 각별히 설득력이 있는 주장이라 생각되지는 않는다. '거듭되는 예언이 있었고, 예언대로 일이 성취되었다'는 것은 종교의 상투적 어법이라, 그것이 '가장 큰 증거'이고 '일대 기적'이라는 말을 들어도 비기독교인에게는 '뭐, 그렇게 말할 수도 있겠지' 하고 넘어가는 게 고작으로, 그걸 근거로 예수 그리스도를 메시아라고 믿을 마음은 전혀 생기지 않는다. 본래부터 믿던 사람이 제 신앙을 단단하게 다지는 데에 힘을 발휘할 수는 있겠지만 말이다.

지성을 통해서 종교에 다가갈 수 있는 것은 그 정도가 한계임을, 명철한 파스칼은 간파하고 있었으리라 생각한다.

2

신앙과 지성은 파스칼 안에서 쉽사리 일체화되지 않았다. 신앙은 신앙, 지성은 지성이라는 식으로 따로따로 작동했다. 그리고 『팡세』를 전체적으로 보고 신앙의 책인지 지성의 책인지 묻는다면, 나는 신앙과 별 인연이 없지만 이 책을 즐겁게 읽은 경험을 바탕으로 단연 지성의 책이라 대답하고 싶다.

실제로 『팡세』의 지성은 도처에서 신앙에 얽매이지 않는 융통무애融通無碍한 움직임을 보여준다. 지성이 스스로 즐기면서 모든 장면, 모든 대상에 손을 뻗치고 있다. 그리하여 사람의 마음을 끌어당기는 숱한 명구·명문이 탄생했다. 몇 가지 예를 들어보자(두번째와 여섯번째 인용문은 틀림없이 신앙과 연계된 느낌이 들지만, 잘 읽어보면 역시 지성이 두드러진 명문이라는 생각이 든다).

> 너무 빨리 읽거나 너무 천천히 읽으면 아무것도 알 수 없다. (69)

> 나는 데카르트를 용서할 수 없다. 그는 틀림없이 그의 모든 철학 안에서 될 수 있다면 신 없이 모든 것을 끝내고 싶어했을 것이다. 그러나 세계가 움직이기 시작하도록 하기 위해, 그는 신으로 하여금 손끝을 한 번 튕기게 하지 않을 수 없었다. 그러고 나서는 더 이상 신에게 볼 일이 없었다.
>
> 무익하고 불확실한 데카르트. (77 78)

> 그는 10년 전에 사랑했던 그 여성을 이제 사랑하지 않는다. 당연한 일이라고 나는 생각한다. 그녀는 더 이상 예전과 같지 않고, 그도 예전과 같지 않다. 그때 그는 젊었고, 그녀 또한 젊었다. 그녀는

완전히 변했다. 그때 그대로의 그녀였다면, 그도 아직 사랑했을지도 모르겠다. (123)

그림이란 얼마나 부질없는 것일까. 실물에는 감탄하지 않으면서, 그것과 닮았다고 감탄하다니. (134)

클레오파트라의 코. 그것이 조금 낮았더라면, 세상의 양상은 달라졌을 것이다. (162)

이 무한한 공간의 영원한 침묵은 나를 두렵게 한다. (206)

귀족이란 얼마나 편리한 계층인가. 열여덟 살이 되자마자 어엿한 성인 대접을 받고 남들에게 알려지며 존경을 받는데, 다른 사람이라면 쉰 살이나 되어야 겨우 그런 대접을 받는다. 아무런 고생도 하지 않고 30년을 벌어들인 셈이다. (322)

인간은 한 줄기 갈대에 지나지 않는다. 자연 가운데 가장 약한 존재이다. 하지만 그것은 생각하는 갈대이다. 그를 파괴하기 위해 온 우주가 무장할 필요는 없다. 수증기나 한 방울의 물로도 그를 충분히 죽일 수 있다. 하지만 가령 우주가 그를 파괴했다 하더라도, 인간은 그를 죽인 자보다 존귀할 것이다. 왜냐하면 그는 자기가 죽

는다는 사실과 우주가 자기보다 우월함을 알고 있기 때문이다. 우
주는 아무것도 알지 못한다. (347)

이런 글을 쓰면서 파스칼은 사고를 즐기고 있었을 것이라는 생각을
지우기 어렵다. '클레오파트라의 코'가 떠올랐을 때, 발상이 주는 재미에
파스칼은 살짝 웃음짓지 않았을까, 그런 상상도 든다. 지성과 사색의 책
『팡세』는 기독교 신앙에 가까이 다가간 사람인 동시에 근엄한 신앙에서
해방된 면도 지닌 파스칼을 보여준다.

3

우리들은 이제까지 파스칼의 지성적인 모습을 굳이 신앙에서 떼어내
어 파악해왔다. 하지만 그 면만을 강조하는 것은 『팡세』 독법으로는 물
론 온당하지 않다. 지성인 파스칼은 아무리 지성에 기울어도 신앙을 부
정하는 데까지 나간 적은 없고, 『팡세』의 많은 단편은 역시 기독교 신앙
을 토대 삼아 성립되어 있기 때문이다.
파스칼은 신의 세계보다 신이 없는 세계에 더 흥미를 느낄 법한 사상
가였지만, 신 없는 세계를 비참하다고 느끼는 '신앙인의 감수성'을 잃은
적은 없었다.

신만이 인간의 참된 선이다. 그리고 인간이 신에게서 멀어지고 난 뒤로, 자연 속에서 인간이 신의 대체물로 삼지 않은 대상이 하나도 없다는 것은 기묘한 일이다. 천체·하늘·땅·원소·식물·양배추·파·동물·곤충·송아지·뱀·열병·페스트·전쟁·기근·악덕·간음·불륜 따위가 그것이다. 그리고 참된 선을 잃은 뒤로, 인간은 온갖 것을 무엇이든 참된 선으로 여길 수 있게 되었고, 신과 이성과 자연 모든 것과 그렇게도 어긋남에도, 마침내 자기 자신을 파괴하는 것까지 선으로 여길 수 있게 되었다.

......

인간은 어떤 자리에 자기를 두어야 할지를 모른다. 그들은 명백히 길을 헤매고 있고, 제가 본래 있었던 장소에서 떨어진 채, 그것을 다시 찾지 못하고 있다. 그는 꿰뚫어볼 수 없는 암흑 속에서, 불안에 사로잡혀, 그것을 도처에서 찾고 있지만 성공하지 못한다. (425 427)

신 없는 세계의 어려움을, 강한 위기감에 빠져 포착한 문장이다. 파스칼의 눈에는, 사람들의 마음이 신에게서 멀어져가는 것은 기독교의 위기인 동시에 인간의 위기로 보였다. 그러한 위기의식을 느끼며 새삼 인간이란 무엇인지를 물을 때, 거기에 모습을 드러낸 것이 무한과 허무의 중간에 자리잡은 인간이라는, 『팡세』의 핵심을 이루는 인간관이었다.

애당초 자연 속에서 인간이라는 존재는 도대체 무엇일까. 무한에 비하면 허무이고, 허무에 비하면 모든 것이며, 무와 모든 것의 중간이다. 양극단을 이해하는 것에서 무한히 멀리 떨어져 있고, 사물의 구극究極과 원리는 그가 들어가기 어려운 비밀 속에 견고하게 감추어져 있으며, 자기가 거기에서 이끌려나왔던 허무와 자기를 삼켜버리는 무한 둘 모두를 그는 볼 수 없는 것이다. (72)

바로 인간이 이러한 존재이기 때문에, 인간에게는 선한 신, 절대의 신이 필요하다. 파스칼은 그렇듯 굳게 믿고 있다. 하지만 동시에, 바로 이러한 존재이기 때문에 신에게서 멀어지며, 신에게로 인도하기 어렵다. 파스칼은 그것 또한 잘 알고 있다. 그러한 인간들 사이에서, 그러한 인간과 함께 파스칼은 살아가야 한다. 함께 살아가려면, 여기에서도 또, 그러한 사람들의 실상에 바싹 다가갈 수 있게 현실을 통찰하는 눈을 갈고닦지 않을 수 없었다.

대립.
인간의 비천함과 위대함을 보여주고 난 뒤.
이제 인간은 제 가치를 스스로 평가하는 게 좋다. 자기를 사랑하는 게 좋다. 왜냐하면 그의 내부에는 선에 참여할 능력을 갖춘 본성이 있으므로. 하지만 그렇다고 해서 거기에 있는 비천함을 사랑해서는 안 된다. 자기를 경멸하는 게 좋다. 왜냐하면 그 능력은 허망한 것이므로. 그러나 그렇다고 해서 이 자연의 능력을 경멸해서는 안 된다. 자기를 미워하는 게 좋다. 자기를 사랑하는 게 좋다. 그의 내부에는 진리를 알고 행복해질 능력이 갖추어져 있는 것이다. 하지만 그는 변하지 않는 진리도, 만족할 만한 진리도 갖고 있지 않다. (423)

비천함과 위대함을 아울러 갖춘 인간은 자기를 사랑하기도 하고 미워하기도 한다. 사랑하지 않을 수 없고 미워하지 않을 수 없다. 무한과 허무의 중간에 자리잡은 인간이 자기에 대한 사랑과 미움으로 분열되는 것은 어쩌면 숙명이라 할 수 있겠다.

무한의 신과 흔들림 없이 하나가 된다면, 어쩌면 그 숙명을 면할 수 있을지 모른다. 하지만 그러려면 신의 영광이 빠짐없이 베풀어져, 사람들이 편안히 신을 믿어야만 한다. 예전에는 그러한 시대도 있었는지 모르지만, 지금은 그런 시대가 아니다. 지금은 신이 '부분적으로 숨어 있고 부분적으로 모습을 드러낸' 시대, 숨어 있는 신의 시대이다.

신이 아닌 파스칼은 시대를 옮길 수 없었고, 숨어 있는 신의 덮개를 제거할 수도 없었다. 할 수 있는 것이라고는 자기 자신을 사랑하기도 하고 미워하기도 하는 사람들과 함께 이 세상을 살고, 파스칼 자신도 자기를 사랑하면서 미워하고 타인을 사랑하면서 미워하는 것 말고는 없었다. 신이 숨어 있는 시대는 다름아닌 그러한 삶의 방식을 강요하는 시대라 하겠다. 그리고 『팡세』의 단장을 한 편 또 한 편 쓰면서 동시대의 인간과 사회에 한 걸음 한 걸음 육박해가는 것은 파스칼이 '자기를 사랑하면서 미워하고 타인을 사랑하면서 미워하는', 시대에 어울리는 삶의 방식을 가장 성실하게 받아들이는 일이었다. 세상의 심층을 응시하는 것은 파스칼 식으로 세상을 사랑하고 미워하는 일이었다.

파스칼의 현실투시가 사랑과 미움을 아울러 지니고 있음을 확인할 수 있게, 마지막으로 '기분전환'에 관해 논한 대목을 인용한다.

> 몇 개월 전, 외아들을 잃고, 소송과 다툼으로 기진맥진해서, 오늘 아침까지만 해도 그렇게나 풀이 죽어 있던 그 남자가 지금은 그런 것을 생각하지도 않는 것은 무슨 연유일까. 놀랄 필요는 없다. 사냥개들이 여섯 시간 전부터 저렇듯 맹렬하게 뒤쫓고 있는 멧돼지가 어디를 지나고 있는지 보느라 머리가 꽉 차 있기 때문이다. 그만한 일이면 충분하다. 인간이란 아무리 슬픔으로 가득 차 있더라도, 만약 누군가가 그의 마음을 딴 데로 돌리는 데 성공하기만 하면, 그동안만큼은 행복해지는 존재이다. 또한 아무리 행복하다 하더라도, 만약 누군가가 그의 마음을 딴 데로 돌려, 권태가 퍼지는 것을 막는 어떤 정념이나 즐거움으로 가득한 상태가 되어 있지 않으면, 이윽고 슬퍼지고 불행해질 것이다. 기분전환이 없으면 기쁨이 없고, 기분전환 거리가 있으면 슬픔이 없다. 지위가 높은 사람들을 행복하게 만드는 것도 그것이다. 그들에게는 기분을 전환시켜줄 사람들이 많아, 그 상태에 줄곧 있을 수 있기 때문이다. (139)

이런 문장을 읽고 파스칼의 생활에 기분전환 따위는 없었을 것이라고 넘겨짚어서는 안 된다. 제 기분을 전환하는 일에 무신경한 사람은 도저히 이런 문장을 쓸 수 없을 테니까.

무한한 인간 존재

포이어바흐 『기독교의 본질』

　기독교의 지배를 벗어나 기독교 신학과 선을 긋고 독자적인 지적 작업으로 철학을 확립하는 일은 줄곧 서양근대철학의 어깨를 짓누르던 무거운 과제였다.

　근대철학의 시조 데카르트는 혼신의 힘을 기울여 '코기토 에르고 숨'(나는 생각한다, 그러므로 나는 존재한다)이라 말했다. 내가 존재하는 것이 신의 존재나 세계의 존재보다 더욱 근원적인 사태이고, 내가 사고하는 것이 신의 섭리나 은총보다 더한 진리의 근원이라 말하고 싶었던 것이다. 근대적인 자아의 독립선언이고, 인간적인 지식의 자립선언이었다.

　이 선언을 책에 쓴 것은 17세기 전반의 일이다. 인간이 신에게서 눈을 돌려 자기와 마주하고, 또한 타인이나 사회와 마주하기 시작한 시대였다. '코기토 에르고 숨'은 그러한 움직임에 호응한 유명한 구절이고, 시대를 상징하는 선언이었다.

그러나 말할 것도 없이, 선언했다 해서 자아가 신의 지배를 벗어나 독립하고, 인간의 지식이 신의 섭리를 떠나 자립하는 것은 아니었다. 근대 이전의 서양사회에서 기독교는 천년 이상 지대한 영향력을 행사해왔다. 인간의 자아와 지식이 그 영향력 바깥으로 나오려는 움직임을 '동動'이라 부른다면, 동에 대항하여 자아와 지식을 영향권 아래 다시 끌어들이려는 반동反動은 광범하고 심각한 힘을 갖고 있었다. 사회생활에서도 그러했고 사상의 장에서도 그러했다.

1

포이어바흐의 『기독교의 본질』은 철학과 종교가 벌인 싸움의 최종국면에 나타난 사상서라 볼 수 있다. 이 책의 초판이 간행된 것이 1841년, 그러니까 데카르트의 '코기토 에르고 숨'으로부터 헤아려 대략 200년 뒤에야 근대적 자아와 지식은 기독교의 지배에서 완전히 벗어났던 것이다. 청년 칼 마르크스가 "독일에서는 종교에 대한 비판은 본질적인 면에서 이미 종료되었다"고 말하고, "천상에 대한 비판을 대신하여 지상에 대한 비판이, 종교에 대한 비판을 대신하여 정의(법)에 대한 비판이, 신학에 대한 비판을 대신하여 정치가 등장했다"고 말한 것은 『기독교의 본질』이 간행되고 나서 3년 만의 일이었다.

『기독교의 본질』은 더할 나위 없이 자세하고 구체적으로 천상을 비판하고 종교를 비판하고 신학을 비판한 책이다. 책 제목을 유심히 보기 바란다. 기독교의 본질을 밝히는 것이 곧 기독교에 대한 근본적인 비판이다. 포이어바흐는 그렇게 말하고 싶었던 것이다.

인간이 사고의 대상으로 삼는 온갖 것을 내부에 포함한 하나의 커다란 전체세계를 상정해보자. 무엇이든 거기에 포함되기 때문에, 이 전체세계 바깥에는 아무것도 없게 된다. 그렇게 말하는 순간에 안과 밖의 경계선이 어떻게 되어 있느냐는 문제가 발생하지만, 여기서는 그 문제를 따지지 않고, 모든 것을 포함한 전체세계가 있다고 생각하기로 한다.

서양에서는 오랫동안 이 전체세계가 기독교로 물들어 있었다. 근대적 자아와 지성의 등장은 이 세계에 지금까지와는 다른 빛을 비추는 것이었다. 작은 빛은 점점 그 테두리를 넓혀갔다. 빛의 테두리 안에서는 종교적 색채가 옅어져갔다. 하지만 빛이 전체세계에 빠짐없이 두루 미친 것은 아니었다. 자아와 지성이 머무는 하부세계는 잘 비추었지만, 상부에는 좀처럼 빛이 닿질 않았다. 이윽고 상부와 하부 사이에 명확히 알 수 있는 간극이 생겼다. 상부에는 종교적인 색채가 짙게 남아 있었고, 하부는 비종교적인 색채를 띠었다. 사람들은 상부를 천상天上 혹은 피안이라 불렀고, 하부를 지상地上 혹은 차안이라 불렀다. 큰 흐름을 보면, 하부가 점차 확대되고 충실해진 반면에 상부는 작아지고 옅어지는 경향이 있었다.

그 흐름의 마지막에 자리잡은 것이 『기독교의 본질』이었다. 하부가 충분히 확대되고 충실해져 종교를 전체세계의 바깥으로 몰아내버렸다. 아니면 차라리 하부가 상부를 집어삼켜 하부가 전체세계 자체가 되었다고 말하는 편이 나을지도 모르겠다. 그것이 『기독교의 본질』의 사상적 경지이다.

> 신의 의식은 인간의 자기의식이고, 신의 인식은 인간의 자기인식
> 이다. ……인간과 인간의 신은 일체(一體)다. 인간에게 신인 것은 인간
> 의 정신, 인간의 혼이고, 인간의 정신, 인간의 혼, 인간의 심정이 곧
> 인간의 신이다. 신은 인간의 내면이 겉으로 모습을 드러낸 것이고,
> 인간의 자기가 말로 표현된 것이다. 종교란 인간이 갖고 있는 숨겨
> 진 보물이 엄숙하게 모습을 드러낸 것이고, 인간의 가장 내면적인
> 사상이 고백된 것이며, 인간의 사랑의 비밀이 숨김없이 그대로 고백
> 된 것이다. (상권 59쪽)

'신의 의식은 인간의 자기의식'이라는 생각은 이해하기 쉽지 않다. 여기서는 신과 '인간의 자기'를 같은 것으로 취급하고 있다. 하지만 신과 인간의 자기는 정말로 같은 것일까.

사람들은 신이 전지전능하다고 하며, 완전무결한 절대적 존재, 가장 높은 존재, 영원한 존재라고 여긴다. 그에 비하여 인간은 지력이나 능력에 한계가 있고, 유한성을 떨쳐내지 못하는 불완전한 존재, 상대적인 존

재, 죽음을 피하지 못하는 존재다. 그것이 기독교에서 말하는 신과 인간의 차이이고, 그런 차이가 존재하기 때문에 천상과 지상, 피안과 차안의 간극을 쉽사리 뛰어넘을 수 없었다.

포이어바흐는 신과 인간을 그렇게 파악하는 방식을 엄격하게 물리친다. 신과 인간 사이에는 뛰어넘기 힘든 간극이 있는 것이 아니라, '인간과 인간의 신은 일체'라 말한다. 일체화—體化는, 신이 인간에게 다가와서 이루어진 것이 아니라, 인간이 신에게 다가감으로써, 더 나아가 말하자면, 인간이 신이 됨으로써 이루어진다.

> 인간의 이성, 또는 일반적으로 인간의 본질을 제한하는 것은 모두 기만과 오류에 바탕을 두고 있다. 확실히 개별 인간은 자기를 제한된 존재로 느끼거나 인식할 수 있고, 또한 그래야 한다. ……그러나 개별 인간이 자기의 제한과 자기의 유한성을 의식할 수 있는 것은 오로지 유類의 완전성과 무한성이 그에게 대상이 되기 때문이다. ……인간의 본성을 형성하고 있는 것을, 개체의 절대적 본질인 '유類의 본질'을 유한한 것, 제한된 것으로 규정하는 것은 잘못된 견해다. 어리석기 짝이 없는 잘못된 견해고, 또한 동시에 사람을 모독하는 잘못된 견해다. (상권 49~50쪽)

개체로서의 인간과 유類로서의 인간을 구별하고, 개체로서의 인간은 유한하지만 유로서의 인간은 무한하고 완전하다고 본다. 그것이 포이어바흐의 인간관의 토대다. 아래의 인용문은 그 인간관을 동물과 비교하여 명백히 드러낸 문장이다. 「제1장 인간의 본질」 도입부에서 발췌했다.

동물과 인간을 본질적으로 구별짓는 것은 무엇인가. ……그것은 의식이다. ……가장 엄밀한 의미에서의 의식은 오직 자기의 유類, 자기의 본질성이 자기에게 대상이 되는 존재자가 있는 곳에 존재할 뿐이다. ……오직 자기 자신의 유, 자기의 본질성이 자기에게 대상이 되는 존재자만이 다른 사물 또는 다른 존재자를 그것들의 본질적 본성에 입각하여 대상으로 삼을 수 있는 것이다.

그러므로 동물은 다만 한 겹의 생활을 할 뿐이고, 인간은 두 겹의 생활을 한다. 즉, 동물의 경우에는 내적 생활이 외적 생활과 일체를 이루고, 인간은 내적 생활 및 외적 생활을 한다. 인간의 내적 생활은 자기의 유, 자기의 본질과 관계된 생활이다. 인간은 사유한다, 즉 인간은 대화한다, 또한 인간은 자기 자신과 이야기한다. ……인간은 자기 자신에게 나이면서 너다. 인간은 자기 자신을 타인의 자리에 둘 수 있다. 왜냐하면 실로 인간에게는 오직 자신의 개체성이 대상일 뿐만 아니라, 자기의 유, 자기의 본질 또한 대상이기 때문이다. (상권 41~42쪽)

이해하기 어려운 문장이다. 하지만 이것은 중요한 부분이다. 정리해 보자.

동물은 의식이 없고, 따라서 주위 환경에 젖어 사는 게 전부인 '한 겹의 생활'을 한다. 개체로서 살고 있을 뿐이고, 자기의 유, 자기의 본질을 의식하는 일은 없다.

인간은 다르다. 인간은 개체로서 살 뿐만 아니라, 자기 생활을, 자기 주변을, 타인을, 세계를 의식한다. 주위 환경과 밀접하게 연관되어 살 뿐만 아니라, 거기에서 자기를 떼어내어 자기를, 세계를, 그리고 자기와 세계의 관계를 객관적·일반적으로 의식한다. 그 의식을 '유의 의식' '본질의 의식'이라 부른다. 이렇게 의식을 가진 인간은 개체로서 사는 동물적인 외적 생활 외에, 유나 본질과 관련된 내적 생활을 한다. 한 겹의 생활을 하는 동물과 달리, 인간에게는 두 겹(외적·내적)의 생활이 있다.

2

인간이 신이 되는 것은 내적 생활을 통해서다.

내적 생활은 의식을 주체로 삼는 생활이고, 의식은 유類로서의 인간과 관련되는 것이므로, 내적 생활은 이미 개체로서의 인간을 뛰어넘고 있다. 의식에는 유한한 개체성을 초월할 수 있는 힘이 있다. 그 힘은 개체로서의 인간을 뛰어넘어 대상의 본질에 이르고, 대상을 지배한다. 의식과 대상의 그러한 관계도 인간의 내적 생활의 중요한 요소이고, 그러므로 우리가 내적 생활이라 부르는 것을 자기 내면에만 틀어박히는 식의 협애한 생활이라 생각하면 안 된다. 외계의 대상을 물질적으로 지배하는 것은 아니지만 의식을 통해서 그것과 관계를 맺고, 관념적이긴 하지만 그 대상의 본질을 제 것으로 삼는 것이 인간의 내적 생활이다. 그런 관계에서 의식은 무한한 힘을 발휘한다. 내적 생활은 의식의 무한한 힘이 전개하는 무한하고 완전한 생활이다.

> 인간은 대상에서 자기 자신을 의식한다. ……인간에게서 가장 멀리 떨어져 있는 대상 또한 그것들이 인간에게 대상이기 때문에, 그리고 그것들이 인간의 대상인 한, 인간의 본질을 현시顯示한다. 달도 태양도 별들도 인간에게 '너 자신을 알라!'고 외치고 있다. ……별이 총총한 밤하늘을 바라보는, 이해利害와 무관한 저 별빛을 바라보고 있는 눈은 그 빛 속에서 자기 자신의 본질, 자기 자신의 근원을 바라보고 있는 것이다. ……
> 인간에 대해 대상이 갖고 있는 위력은 인간 자신이 갖고 있는 본질의 위력이다. 그러니까 감정의 대상이 갖고 있는 위력은 감정이 갖고 있는 위력이고, 이성의 대상이 갖고 있는 위력은 이성 자신이 갖고 있는 위력이며, 의지의 대상이 갖고 있는 위력은 의지가 갖고 있는 위력이다. ……우리는 우리 자신을 확증確證하지 않고서는 다른 것을 확증할 수 없다. (상권 46~48쪽)

인용을 거듭할수록 포이어바흐는 참으로 시원시원하고 긍정적인 철학자라는 생각이 든다.

의식이 대상을 마주하고 있다. 둘 사이에는 숱한 대립과 반목과 착오가 있겠지만, 포이어바흐는 감정과 이성과 의지의 위력으로 대립과 반목과 착오를 아주 간단하게 극복해버린다. 대상과 마주하는 의식이 불안과 불신에 시달릴 걱정은 전혀 없고, 의식은 유연하게 대상을 바라보며, 대상과 맺은 평온한 관계 속에서 편안하다.

되돌아보면, 포이어바흐는 동물의 한 겹 생활에서 인간의 두 겹 생활로 옮겨가는 것에 대해서도 시원시원하고 긍정적으로 상상하고 있었다. 두 겹의 생활은 인간을 분열과 모순의 위험에 빠뜨리는 일이 전혀 없이, 더욱 진전되고 풍요로우며 완전한 생활을 틀림없이 약속하는 어떤 것이었다.

그리고 다음의 말을 보자.

> 사랑하고 욕망하고 사유하는 것에서 무한한 기쁨을 느끼지 않는다면, 사람들은 인간이 사랑하고 욕망하고 사유하는 존재라는 사실을 지각할 수 없다. ……
>
> 의식이란 자기확증이고, 자기긍정이며, 자기애이고, 자기 자신의 완전성에 관한 기쁨이다. 의식은 어떤 완전한 존재자의 특징적인 표지이다. 의식은 오직 어떤 만족스럽고 완결되어 있는 존재자 안에 있을 뿐이다. (상권 48쪽)

포이어바흐는 "인간은 인간에게 신이다"(하권 132쪽)라는 말도 했는데, 이만큼 인간을 긍정하는 것은 철학사상으로서는 드문 일이다. 하지만 신이 지배했던 서양중세와 대비하여 서양근대를 인간주의(휴머니즘) 시대라고 말할 때, 거기에는 포이어바흐에게서 볼 수 있는 인간긍정 사상이 저변에 줄기차게 흐르고 있었다고 생각해도 좋을 것이다. 그중 가장 시원시원한, 순진할 정도로 시원시원한 표현이 앞의 인용문에 드러나 있다.

더 나아가서 말하자면, 신과 대결하는 최종국면에서 신을 인간의 전체세계 내부로 남김없이 거두어들이기 위해서는 반드시 인간의 위력을 최대한으로 확장시킬 필요가 있었다.

그렇다 하더라도 신을 거두어들이기 위해, 유類로서의 인간을 무리하게 무한의 존재로 만들었다는 말은 물론 아니다. 억지로 밀어붙여야만 만들어낼 수 있는 인간상을 찾으려 했다면, 『기독교의 본질』의 너그럽고 시원시원한 문체는 탄생했을 리가 없다. 글을 써나감에 따라 내용이 살짝 부풀어오르는 느낌을 주는 따뜻한 문장이 이어지지 못했을 것이다.

인간이란 어떤 존재인가. 그러한 철학적 의문을 가슴에 품은 포이어바흐는 현실의 인간을 차분하게 응시한다. 그러자 그의 눈에 그날그날을 악착같이 사는 인간의 외적 생활과, 그 생활로부터 한 걸음 물러난 곳에서 생활을 대상화함과 동시에 더욱 넓게 자연과 자기가 사는 세계와 다른 사람들을 대상화하고, 나아가서는 몽상의 세계와 아름다움의 세계와 종교의 세계도 대상화하는 의식의 내적 생활이 보였다. 그리고 특히 내적 생활에는 한 개인의 의식의 작용(이성·의지·감정)을 넘어선, 주변의 많은 사람들의 의식의 작용이, 아니 당사자의 식견을 훨씬 넘어선 과거의 사람들이나 멀리 떨어져 있는 사람들의 작용까지 음으로 양으로 참여하여 영향을 미치고 있다. 그것을 당사자의 의식이 자각했을 때, 내적 생활은 개인의 생활이면서 동시에 유적類的인 생활이 된다.

그것이 포이어바흐의 눈에 들어온 현실 인간세계의 모습이었다.

이만큼 인간세계가 풍요로워지고, 유로서의 인간이 커진다면, 전지전능한 신을 부드럽게 감싸안는 것도 자연스런 과정에 가까운 것이었다. 그 감싸안는 방식에서 본다면, 『기독교의 본질』을 신과 대결하는 책, 혹은 종교와 싸우는 책이라 일컫는 것은 책의 실질에 어울리는 호칭은 아닌 것처럼 느껴진다.

3

이제까지 봐온 것처럼, 『기독교의 본질』은 종교비판서라기보다 종교라는 것을 인간의 유적類的 의식에 바싹 끌어당겨 다시 읽으려 한 책이다. 신을 '유적 존재로서의 인간이 지닌 무한성·완전성의 상징'으로 파악하는 입장은 종교를 새롭게 살리는 시도라 할 수 있는지도 모른다.

한편으로는 포이어바흐에게 종교에 대한 강한 비판의식이 없지 않았다. 여기에서는 전체 6장 가운데 참으로 포이어바흐다운 최종장「신앙과 사랑의 모순'만을 다루기로 한다.

'신앙'과 '사랑'은 둘 다 종교인이 흔히 입에 올리는 말이다. 포이어바흐는 두 가지를 엄격하게 구별한다.

> 종교의 숨은 본질은 신적 존재자와 인간적 존재자의 통일이다. 그러나 종교의 형식—또는 종교의 드러난 본질, 의식된 본질—은 〔양자의〕 구별이다. ……사랑은 인간을 신과 동일화하고, 신과 인간을 동일화하며, 따라서 인간과 인간을 동일화한다. 신앙은 신을 인간에게서 분리시키고, 따라서 인간을 인간에게서 분리시킨다. …… 신앙은 신을 특수한, 다른 존재자로 만든다. ……신앙은 인간을 내면에서—자기 자신과—분열시키고, 따라서 또한 외면에서도 분열시킨다. 그런데 사랑은 신앙이 인간의 심정에 입힌 많은 상처를 치유한다. (하권 97쪽)

'사랑은 대등한 관계 아래에서 성립되는 것, 신앙은 하위下位에 있는 존재가 상위上位에 있는 존재에 대해 품는 것'으로 둘을 구별한 뒤, 포이어바흐는 사랑이야말로 유로서의 인간을 묶기에 어울리는 심성이라 생각했다. 그리고 사랑이 깊어지고 확산되면 저절로 신앙을 쓸데없는 심성으로 여겨서 파기하게 되리라고 생각했다. 유적인 인간의 무한한 전체세계로 신을 거두어들이는 것은, 심성에 입각하여 말한다면, 바로 사랑 안에 신앙이 용해되는 것이다.

그러나 신에 대한 신앙이 결여된 기독교인은 더 이상 기독교인이 아니다. 신에 대한 신앙은, 말하자면 기독교 최후의 보루다. 종교의 숨은 본질은 신과 인간의 통일, 즉 사랑이고, 드러나고 의식된 본질은 신과 인간의 구별, 즉 신앙이며, 숨은 본질이야말로 진정한 본질이므로, 숨은 본질이 '드러난 본질'(진실이 아닌)을 극복하는 것이 진정한 기독교다. 포이어바흐는 그렇게 생각했다. 하지만 그것은 철학이나 인간학에서는 있을 수 있는 입장이지만, 기독교의 입장은 아니다. 신앙을 견지하는 것이 기독교의 기본적 입장이다.

포이어바흐는 입장의 대립이 어찌할 도리 없는 것임을 충분히 자각하고 있었다. 하지만 그는 비판의 끈을 늦추지 않았다. 오히려 여기에서 기독교를 비판하는 가장 날카로운 화살을 날렸다.

> 신앙은 제한되어 있고, 선입견에 사로잡혀 있으며, 모든 것을 호오好惡에 따라 해석한다. 신앙의 견지에서 보면, 신앙이 없는 사람은 완고함과 악의 때문에 믿지 않는 것이고, 그리스도의 적이다. 그러므로 신앙은 오직 신앙이 있는 사람들을 동화시킬 뿐이고, 신앙이 없는 사람들을 배척한다. 신앙은 신앙이 있는 사람에게는 선량하게 굴지만, 그러나 신앙이 없는 사람에게는 사악하게 군다. 신앙 안에는 사악한 원리가 내포되어 있다. (하권 104~105쪽)

신앙의 급소를 찌르는 비판이다. 신앙에 포함된 '사악한 원리'가 사회에 해악을 끼친 사례를 우리는 많이 알고 있다. 신앙이 강하기 때문에 더 큰 해독을 끼친 사례도 드물지 않다. 역사적으로도 포이어바흐의 신앙비판은 충분히 수긍할 수 있다.

그러나 비판하는 포이어바흐의 입장 자체에 눈을 돌리면, 그것은 그다지 근거가 있어 보이지 않는다. 포이어바흐의 입장은 '유로서의 인간이 무한하고 완전하다'는 것인데, 무한하고 완전한 인간이 누군가를 혹은 무언가를 사랑한다는 것은 어떠한 것일까. 인간이 인간에게 신이라고 한다면, 그때 인간은 더 이상 신앙을 가질 일이 없겠지만, 동시에 인간은 사랑도 갖고 있지 않을 것이고, 가질 필요도 없는 게 아닐까. 사랑이 대등한 인간 사이에 성립된다는 것은 그의 말대로이겠지만, 거기에서 대등하게 마주한 인간은 무한하고 완전한 인간이 아니라, 유한하고 불완전한 인간이 아닐까.

신을 인간의 전체세계에 통째로 거두어들이는 것은 분명 이치에 어긋나는 하나의 역설이다. 천상을 비판하는 마지막 자리는 마지막으로 보이지만, 실은 지상을 비판하는 시작점에 불과한 것이다.

V

美
아름다움

악의 꽃

색채에 관하여

눈과 정신

아름다움의 왕국
보들레르 『악의 꽃』

30년 만에 보들레르의 『악의 꽃』을 통독했다.

예전에 읽었던 무라카미 기쿠이치로 역으로 읽었는데, 읽기 힘들어서 깜짝 놀랐다. 서툰 번역이라고 생각되지 않는데도 몇 줄마다 걸리는 데가 있어 기분 좋게 나아갈 수가 없었다.

이럴 리가 없다 싶어, 다음으로 스즈키 신타로 역을 잡았다. 역시 막 힘없이 읽히지는 않았다. 무라카미 역을 읽은 뒤라서, 한 편 한 편의 시가 무엇을 소재로 잡아 어떻게 전개되는지는 다소나마 머리에 남아 있었다. 하지만 이곳저곳에서 이질적인 관념이 충돌하고 뒤엉켜, 안정된 리듬으로 읽어나가기가 힘들었다. 시의 흐름에 젖어 다른 공간에 노니는 경지에 들어설 수 없었다.

그 외에도 사이토 이소오 역이나 사토 사쿠 역을 띄엄띄엄 읽어보았으나 이것 또한 읽기 어려웠고, 마지막으로 아베 요시오 역을 통독했지만 이것 역시 쾌적하게 읽어나가기 힘들었다. 결국 이것은 보들레르의 원시가 그렇게 되어 있기 때문이리라 생각했다. 음운이나 리듬은 정돈되어 있으나, 의미의 흐름은 잡아내기 힘든 시일 거라고.

하지만 내 추측을 원시를 읽어 확인할 만큼 나는 프랑스어로 쓴 시에 친숙하지 않다. 번역으로 읽어 마음에 든 시가 있으면, 원문을 확인하여 시집을 펴고 소리내어 읽는다. 그것이 고작이었고, 그런 정도로는 프랑스어로 쓰인 시와 정면에서 맞붙어 의미의 흐름이 어떻게 굽고 뻗는지, 진동의 폭이 얼마나 크고 작은지 적확하게 판정하는 것이 가능할 리 없다. 이제부터 적는 것은 번역본(주로 아베 요시오 역)『악의 꽃』을 바탕으로 한 글이다.

1

의미의 흐름을 잡아내기 힘든 것은 『악의 꽃』의 시어가 혹은 시행詩行이 서로 어긋나는 의미, 때로는 정면으로 대립하는 의미가 서로 부딪쳐 사방으로 흩어지기 때문이다. 시어와 시어, 시행과 시행이 어떻게 이어질지 예단을 허용하지 않는다. 기세를 타고 읽어가다보면, 틀림없이 어딘가에서 독자를 따돌린다. 그런 경험을 몇 번 하다보면, 따돌림당하지 않으려고 긴장해서 읽게 된다. 하지만 긴장한다고 해서 앞이 잘 보이는 것은 아니다. 허방다리를 짚는 일은 확실히 줄어들지만, 긴장한 만큼 갈수록 힘이 든다. 그래서 긴장을 다소 늦추고, 서로 부딪쳐 사방으로 흩어지는 의미의 광선을 될 수 있는 한 많이 받아들일 수 있게 마음을 열고 느긋하게 읽기로 했다.

『악의 꽃』을 읽는 방법으로는 가장 현명한 태도일 것이다. 하지만 안심하고 시행에 몸을 맡기는 독서라고 할 수는 없다. 시에 노닌다든지 시를 즐긴다든지 하는 경지하고는 거리가 멀다. 노닐거나 즐긴다기보다 시를 사색하는 방향으로 사람을 인도하는 독서이다.

예를 들어, 다음과 같은 시(22 이국의 향기)라면 노닐거나 즐길 수 있다.

가을날 따스한 저물녘, 두 눈을 감고,
달아오른 네 젖가슴 향기를 들이마시면,
내 눈 앞에는, 단조로운 태양의 불
눈부시게 비치는, 행복한 바닷가가 펼쳐진다.

자연이 진귀한 수목을 자라게 하고
맛있는 열매를 맺게 하는, 게으른 섬.
사내들의 몸은 호리호리하고 억세며,
계집들의 눈은 놀라울 만큼 대담하고 솔직하게 사람을 쏘아본다.
네 몸 내음이 기분 좋은 풍토風土로 이끌어,

나는 본다, 해원海原의 물결에 흔들리며 아직도
지쳐 있는 돛과 돛대로 가득한 항구를.

문득, 초록빛 타마린드 향기가,
대기를 감돌며, 내 코를 부풀게 하더니,
내 넋 속에서, 선원들의 노랫소리와 뒤섞인다.

알기 쉬운 시다. 연인의 가슴에 머리를 기댄 사내가 거기에 감도는 감미로운 냄새에 이끌려, 예전에 방문했던 이국의 자연을 연상한다.

의미의 흐름이 자연스러워, 독자는 시인과 함께 이국의 대자연으로 생각을 달리며 황홀경에 빠질 수 있다. 긴장하거나 경계할 필요 없는, 『악의 꽃』에서는 드문 한 편이다. '악의 요소가 독기를 발산하지도 않는다.

그러나 똑같이 이국을 노래한 장편시 '126 여행'에서는 풍취가 완전히 달라진다. 이국을 묘사한 모습에 조금도 닮은 데가 없다.

첫 두 연은 이렇다.

지도와 판화를 썩 좋아하는, 아이에게,
지상의 세계는, 그 광대한 탐욕과 크기가 꼭 같다.
아아! 램프 아래에서 보는 세계는, 얼마나 큰가!
추억의 눈으로 보는 세계는, 얼마나 작은가!
어느 아침, 우리는 출발한다, 뇌수를 불꽃으로 가득 채우고,

가슴은 원망과 쓰디쓴 욕망들로 꽉 막힌 채,

그리고, 굽이치는 큰 파도의 리듬에 몸을 맡기고, 우리는 간다,

해원의 유한함 위에, 우리의 무한을 흔들면서.

우선 첫 연의 '크다' '작다'부터 그 의미를 한 가지로 확정하기 어렵다. '대소大小'의 모호함은 둘째 연의 마지막 행 '해원의 유한함' '우리의 무한'에서 더욱 혼미해진다. '우리'가 향하는 것은 '큰' 땅인가 '작은' 땅인가, '유한'인가 '무한'인가.

어느 쪽인지 결정할 수 있게 시는 진행되지 않는다. '큰가 하고 생각하면 작고, 무한인가 생각하면 유한이다', 그것이 보들레르가 노래하는 여행의 실상이다. 하기는, 여행이나 이국의 땅을 모호한 것, 일정하지 않은 것으로 객관적으로 그리는 것이 시의 목적은 아니다. 모호함, 일정하지 않음이 여행을 떠나고 여행하며 사는 '우리' 인간의 모호함, 일정하지 않음과 깊이 결부되어 있다는 사실, 그렇게 주객主客이 용해된 모습을 언어로 포착하는 데 목적이 있는 것이다. 시어와 시행에서 의미가 서로 부딪쳐 사방으로 흩어지는 것은 서로 깊이 결부된 주객 사이에 생기는 복잡 미묘한 흔들림이라 할 수 있다.

크다고도 작다고도, 유한하다고도 무한하다고도 말할 수 있는 여행의 다종다양한 모습을 제시한 뒤, 시는 다음과 같은 지점으로 돌아온다.

씁쓸한 지식이기는 하다, 여행에서 알게 된 지식이란!
단조롭고 작디작은, 세계는, 오늘도, 어제도,
내일도, 언제나, 우리에게 제 모습을 보여준다.
권태의 사막 속에, 공포를 가득 채운 오아시스다!

떠나야 하나? 머물러야 하나? 머무르려거든, 머물러도 좋다.
떠나거라, 어쩔 수 없다면. 어떤 자는 달리고, 어떤 자는 웅크리고 앉아,
방심하지 않고 눈을 부릅뜬 불길한 적, 〈시간〉을 속이려 한다.
…………

여행은 여기에서 '씁쓸한' 것, 희망보다는 절망에 가까운 것이다. 하지만 여행자도 ―그리고 보들레르도― 씁쓸함과 절망에 겁먹지 않는다. 떠나는 것이 좋은지 머무르는 게 좋은지, 그것은 아주 모호하지만, 상황의 모호함이 결단을 늦추게 만드는 일은 없다. 겁먹지 않고 있을 수 있는 이유는 여행의 씁쓸함과 절망이 동시에 여행자의 씁쓸함과 절망이기도 하기 때문이다.

그러나 떠나느냐 머무르느냐 하는 것이 여행자를 짓누르는 마지막 물음은 아니다. 장편시의 마지막 두 연은 이렇다.

오오 〈죽음〉이여, 늙은 선장이여, 때가 왔다! 닻을 올리자!

우리는 이 나라가 지겹다, 오오 〈죽음〉이여! 출범하자!
설령 하늘과 바다는 먹물처럼 검더라도,
네가 아는 우리 마음은, 광선으로 가득가득하다!

우리에게 네 독을 쏟아부어라, 독이 우리 기운을 북돋게!
우리가 바라는 바는, 이렇게도 이 불이 격렬하게 뇌수를 태우기
때문에,
〈지옥〉이든 〈하늘〉이든 상관없이, 심연의 바닥에 뛰어드는 것,
〈아직 알지 못하는 것〉의 깊은 곳 깊숙이, 새로운 것을 찾는 것!

다른 나라는 더 이상 동경의 땅도 아니고 감미로운 나라도 아니며, 여행은 모험심과 호기심을 채워주는 즐거운 유람이 아니다. 첫머리 두 연으로 돌아가 말하자면, 다른 나라도 여행도 처음부터 낭만적인 것으로 제시되어 있지 않다고 말할 수 있을지도 모른다. 시인은 다른 나라 너머에, 여행 너머에 가고 싶은 것이다. 그것이 '심연의 바닥' '아직 알지 못하는 것' '새로운 것'이라 부르는 장소이다.

2

심연은 바닥을 알 수 없다. 심연을 들여다보며 한 걸음 한 걸음 내려

가면, 뭐가 뭔지 알 수 없는 것이 꿈틀대고 있다. 시선을 집중하면 보이는 것은 문자 그대로 아직 알지 못하는 것이다. 거기서 보들레르는 '새로운 것'을, 새로운 아름다움을 발견한다. 그리고 그 새로운 아름다움을 언어로 정착시키려 한다. 그런 시도의 흔적이 곧 『악의 꽃』이다.

보들레르에게는 심연이 보인다. 보지 않으려 해도 보인다. 보이는 심연은 건강한 세계도 아니고 고상한 세계도 아니다. 참되고 선한 것과는 거리가 먼 세계이다. 많은 사람이 그것에 대해 눈을 감고 사는 것은 어느 의미에서 현명한 처세방법이라 할 수도 있다.

하지만 보들레르는 건강한 사람도 아니고 고상한 사람도 아니었다. 그래서 참되고 선한 것에서 멀리 떨어진 심연을 응시하지 않을 수 없었다. 그것이야말로 사회의 실상이고, 시대의 진짜 모습이라는 생각을 떨쳐낼 수 없었다. 심연을 줄곧 응시하는 과정에서 예컨대 다음과 같은 시가 탄생했다.

떠올려보시라, 내 혼과 같은 이여, 이렇게도 상쾌한 여름 아침,
　　우리들이 본 것을.
어느 오솔길 모퉁이, 쫙 깔린 조약돌의 침상 위에
　　더러운 짐승의 시체가,

음탕한 계집처럼, 두 가랑이를 공중에 벌리고,
　　그을린 몸뚱아리에서 독액을 흘리며,

아무렇게나, 뻔뻔스럽게, 악취로 가득 찬
　　배때기를 헤쳐 보이고 있었지.

　　…………

그리고 하늘은, 당당한 시체가 꽃처럼
　　흐드러지게 핀 것을 굽어보고 있었지.
코를 찌르는 냄새가 하도 강해서, 풀밭 위에
　　당신은 기절할 뻔했지. (29 썩은 시체)

　여기서는 짐승의 썩은 시체가 심연을 상징하는 것으로 등장했다. 지
금은 후각에 민감한 시라는 점, 시체를 '꽃처럼 흐드러지게 피'었다고 형
용한 점만을 확인하고, 서둘러 '49 독'의 한 구절을 인용하고 싶다. 연인
을 노래한 시이다.

그 모든 것들도, 네 눈에서 흘러나오는
　　독만은 못하다, 네 녹색 눈,
그것은, 내 넋이 떨면서 거꾸로 몸을 비추어보는 호수……
　　내 꿈들은 무리지어
이 씁쓸한 심연에 목을 축이러 다녀간다.

그 모든 것들도, 부식腐蝕하는 네 타액의

　　　무시무시한 경이에는 미치지 못한다,

그것은 내 넋을, 뉘우침도 없이 망각 속으로 침몰시키고

　　　현기증을 어깨에 얹어 흘려보내서는,

기진맥진한 넋을 죽음의 물가로 밀어올린다!

　연애의 절정에서도 심연이 입을 벌리고 있어, 보들레르는 바닥을 들여다보지 않고는 견딜 수 없다. 그리하여 짐승의 시체와 연인의 육체는 아주 가까운 존재가 된다. 시체는 희미한 향내를 풍기고, 여자의 육체에서는 희미하게 썩은내가 난다.

　그러한 눈과 후각으로 세계와 맞서 버티는 시인은 사회와의 괴리를 강하게 자각했을 게 분명하고, 그 거리감은 시의 도처에서 표출된다. '91 작은 노파들'에는 보기 흉한 노파들을 바라보는 세상의 눈과 자신의 눈을 대조적으로 적은 이런 시 구절이 있다.

　　한때는 우아했던, 어쩌면 영광스러웠던, 당신들을,

　　아무도 알아채지 못한다! 무례한 주정뱅이가

　　지나는 길에, 장난삼아 꼬드기다 당신들을 모욕한다.

　　당신들 바로 뒤에서 뛰어다니는 것은, 비겁하고 비천한 어린아이.

　　…………

내게는 보인다, 당신들의 앳되고 싱싱한 정열이 꽃피는 모습이.
어둡든, 빛나든, 당신들의 잃어버린 날들을 나는 산다.
몇 개나 수를 더한 내 마음은, 당신들의 악덕 모두를 향락한다!
내 넋은, 당신들의 모든 미덕에 힘입어 널리 반짝인다!

시인이 이렇게 노파들을 보았다고 해서 노파들이 구원받는 것은 아니다. 노파들을 바라보는 세상의 눈이 부드러워지는 것도 아니다.

오히려 시인과 사회의 괴리가 더욱더 벌어질 뿐이다. 그 괴리를 차근차근 확인이라도 하듯, 시행은 이어진다. 이제까지 인용한 어느 시나 마찬가지인데, 시인은 사회와 손쉽게 타협하는 것을 완강하게 거부하고 끝끝내 제 눈과 감각에 충실해지려 한다. 그것이 『악의 꽃』의 시작법이라 말해도 좋을 만큼.

그런 식으로 사회에서 멀리 떨어진 시가 생산적이거나 건설적일 수가 없다. 왜냐하면 생산성이나 건실함은 사회와의 공동관계에서 자라나는 것이기 때문이다. 생산성이나 건실함과는, 또는 건전함이나 고상함과는 거리가 멀다는 것을 자각하기 때문에, 시인은 '우울'하다고 쓰고, '권태'롭다고 중얼거린다. 사회로부터 소외되어 자기 내부의 심연을, 또는 사회 저 너머에 있는 심연을 들여다본다. 납득할 수 없는 그 기분이 '우울'이고 '권태'인 것이다.

3

19세기 중엽의 프랑스에서 자기와 사회의 괴리를 의식한 사람들의 수는 적지 않았을 것이다. 프랑스의 근대화는 개인이 자아에 눈뜨며 자기를 확립하고 확장하려 노력에 노력을 거듭하는 단계로부터 자기와 사회의 모순을 강하게 의식하고 소외감과 고립감에 시달리며 사는 단계로 걸음을 옮기고 있었으므로.

하지만 사회와의 괴리를 의식하면서 사회의 이쪽과 저쪽에 입을 벌린 심연을 굳이 들여다보려 한 사람들의 수가 많지는 않았다. 그리고 심연에 우글거리는 이미지를 언어에 정착시키려 한 사람들은 더욱 적었다. 그 소수 가운데 한 사람이 보들레르였고, 또 한 사람이 귀스타브 플로베르였다.

심연에 우글거리는 여러 것들은 외설스럽고 잡스러우며 추레했다. 『악의 꽃』은 많은 사람들이 보려고 하지 않은 심연의 모습을 불쑥 들이미는 데서 시작한다. '독자에게'라는 제목이 붙은 시의 첫 연은 이렇다.

어리석음, 과오, 죄, 인색함은,
우리 정신을 점령하고, 육체를 괴롭히며,
우리, 몸에 둥지를 튼 알뜰한 회한들을 키우는 모습은,
거지들이 이와 벼룩을 기르는 것과 닮았다.

도전적인 첫머리다. 위악적인 시구라 말해도 좋을지 모른다. 이미 시인의 반사회적인 악의가 표출되어 있다고 생각할 수 있을지도 모른다. 초판 『악의 꽃』은 부도덕·반종교 혐의로 기소당해 유죄판결을 받기도 했다.

그러나 잘못 보아서는 안 된다. 『악의 꽃』은 반사회적인 시인이 분노를 표명한 것도 아니고, 무언가를 고발하는 책도 아니다. 심연에 있는 여러 것들을 응시한 시인은 하나하나의 이미지를 언어에 정착시킴으로써 아름다움의 한 왕국을 세우려 한 것이다. 심연에 있는 여러 것들은 세상의 눈으로 보면 분명 외설스럽고 잡스러우며 추레하다. 거기에는 부도덕하고 반종교적이라 생각되는 것도 많이 있다. 하지만 그러한 여러 것들을 언어로 옮김으로써 하나의 아름다운 세계를 드러내는 것 또한 불가능하지는 않다. 고귀하고 깨끗하며 도덕적이고 종교적인 것과 결부된 것이 아름다움의 전부는 아니다. 외설스럽고 잡스러우며 추레한, 부도덕하고 반종교적인 것 역시 충분히 아름다움으로 이어질 수 있다. 심연을 응시하는 가운데 보들레르는 그러한 미의식을 얻었고, 그 미의식을 간직하고 더욱 깊이 심연에 시선을 집중하게 되었다.

그리하여 미의식은 홀로 걷기 시작했다. 사회에서 괴리되고, 도덕이나 종교와 거리를 두며, 아름다움 자체를 찾아서 이미지와 언어의 숲을 홀로 걷기 시작했다. 진·선·미 삼위일체는 붕괴되고, 아름다움은 위·악僞惡과 결부되었다. 생산성과 건실함에 아름다움이 있는 것처럼, 정체停滯와 파괴에도, 우울과 권태에도 아름다움이 있다. 그것을 하나의 관념이나 하나의 이론으로 주장하는 것이 아니라, 아름다움의 왕국을 언어로 세워서 실물로 증명해 보인다. 그것을 시도하는 작업이 바로 『악의 꽃』을 쓰는 것이었다.

파리는 변한다! 허나 내 우수(멜랑콜리) 속에서는, 아무것도
움직이지 않았다! 새로운 궁전, 새로 엮은 비계, 석재石材,
오래된 근교 마을들, 모든 것이 내게는 알레고리가 되어,
내 그리운 추억들은, 바위보다도 무겁다.

그리하여 이 루브르 앞에서, 하나의 이미지가 내 가슴을 아프게
한다 —
나는 내 커다란 백조를 생각한다, 실성한 듯한 몸짓으로,
귀양 간 인간들처럼, 우스꽝스러우나 기품 있게,
끊임없는 소망에 시달리던 모습을! 그리고 당신을 생각한다,

안드로마케여, 위대한 남편의 팔에서,
비천한 가축처럼, 거만한 피로스의 손에 떨어져,
텅 빈 무덤가에서, 황홀하게 평복平伏한 당신을.
헥토르의 미망인이여, 만사휴의萬事休矣! 헬레노스의 아내여!

뼈만 앙상한 폐병쟁이 검둥이 여인을, 나는 생각한다,

진흙탕에 발을 디디고, 핏발 선 눈으로,
화려한 아프리카의 수목, 여기에는 없는 야자나무를,
안개가 만든 아득한 성벽 뒤에서, 찾아다니던 그 모습을.

나는 생각한다, 누구든 간에, 결코, 다시는 다시는,
찾을 수 없는 것을 잃어버린 사람들을! 눈물로 목을 적시고,
그저 온순한 암이리의 가슴에서, 〈고통〉의 젖을 빠는 사람들을!
꽃처럼 시들어가는, 야윈 고아들을!

그렇게, 내 정신이 흘러가고 있는 숲속에서,
해묵은 〈추억〉이, 숨가쁘게 뿔피리를 불어제친다!
아버지는 생각한다, 어느 섬에서인가 잊힌 선원들을,
포로로 잡힌 자들, 패잔敗殘한 자들을! ……그 밖의 숱한 사람들
을! (89 백조)

시인은 파리의 길모퉁이에 서 있는 것일까, 아니면 허름한 집 의자에
걸터앉아 있는 것일까. 아무튼 눈앞의 정경이나 뇌리에 떠오른 이미지를
신중하고 선명하게 언어로 묘사하려고 온 힘을 기울이는 모습을 볼 수
있다. 고귀한지 비천한지, 선인지 악인지, 그런 것은 묻지 않는다. 언어와
의미와 이미지가 아름다운지 아름답지 않은지, 그것이 전부이다.
하지만 전부라고 말하기에는 아름다움이라는 기준이 얼마나 모호한

것인가 하는 생각이 든다. 보들레르는 그 모호한 아름다움에 모든 것을 걸었다. 아름다움에 확고한 객관적 기준 따위가 있을 리 없다. 아름다움의 왕국을 세우는 것이 바로 새로운 기준을 모색하는 작업이 되는, 그런 자리에서 보들레르는 『악의 꽃』을 썼다.

근본적으로 그렇게 썼기 때문에 한 편 한 편의 시에서 의미의 흐름을 잡아내기가 어려웠던 것이다.

색의 현상학

비트겐슈타인 『색채에 관하여』

비트겐슈타인이 색깔에 관해 생각하고 색깔에 관해 말한 말년의 아포리즘을 모은 것이 이 책이다.

색깔은 우리들에게 아주 익숙한 것이다. 야외를 걷든 실내에 있든 우리들은 이런저런 색깔에 부딪친다. 색깔은 계절에 따라, 기후에 따라, 시점에 따라, 빛의 강약에 따라, 우리들의 기분에 따라 크게 또는 미묘하게 변화한다. 오목판의 그라비어 인쇄로 찍은 잡지에는 인공적인 색깔이 흘러넘치고, 컴퓨터를 조작하면 좋아하는 색깔을 손쉽게 만들 수도 있다. 인공적인 색깔의 범람은 비트겐슈타인이 『색채에 관하여』의 초고를 쓰던 1950년 무렵에는 예상도 할 수 없었던 새로운 경험이다. 그런 의미에서 근래 들어 색깔은 우리 일상생활에 더욱 깊이 들어왔다고 말할 수 있다.

그렇다고 해서 우리가 색깔에 관해 좀더 깊이 생각하고 말하게 되었다고 할 수 있을까. 그런 물음에 '그렇다, 더욱 깊이 생각하고 말하게 되었다'고 대답하기는 어렵다. 거기에는 색깔이라는 것을 둘러싼 고민스럽고도 매우 흥미로운 문제가 숨어 있다는 생각이 든다. 그 지점부터 생각해보자.

1

색깔에 관해 생각하는 것은 잠시 제쳐두더라도, 비트겐슈타인은 색깔에 관해 말하는 일의 어려움을 명확하게 자각하고 있었다.

'빨갛다' '파랗다' '검다' '희다' 같은 말이 무엇을 의미하는가 하는 물음에 대해 우리는 물론 금방 그런 색깔을 한 것을 가리켜 보일 수 있다.—그러나 우리는 이런 말들의 의미를 그 이상으로 설명할 수는 없다! 왜냐하면 그렇게 가리켜 보이는 것 외에는 그런 말들을 쓰는 것에 대해 우리는 아무것도 떠올리지 않고, 떠올린다 해도 매우 모호하고 부분적으로 틀린 상상밖에 할 수 없기 때문이다. (I-68)

색깔은 눈에 색깔로 보이는 것—감각되는 것—이 기본이고, 감각을 빼고 색깔에 관해 말하려면, 우리는 모호한 말밖에 할 수 없다. 앞의 인용문은 그렇게 바꾸어 말할 수 있다.

그러나 무언가에 관해 말하는 것은 감각을 충실히 따라가는 것이 아니며, 감각한 것을 그대로 말로 표현하는 것도 아니다. 지금 내가 눈을 들어 창밖을 보면, 이웃집 정원에 서 있는 소나무·삼나무·귤나무·라일락 등의 나무가 보이고, 각각에 녹색 이파리가 달려 있는데, 다섯 그루 나무의 녹색이 각각 달라서, 그 차이에 집중하면 이파리 색깔을 '녹색'이라는 동일한 말로 형용하는 것은 부정확하기 그지없다. 주위의 파란 하늘이나 갈색 흙·하얀 벽·검은 지붕과 비교한 뒤, 더 나아가 주변에는 없는 빨강이나 핑크, 황금색과 관념적으로 비교하여, 나무들의 이파리 색깔을 우선 '녹색'이라는 말로 뭉뚱그린 것에 불과하다.

색깔만 그런 것이 아니다. 소리든 냄새든, 우리들의 감각이 직접 파악하는 것에 대해 그 감각을 말로 표현하려면 일단 '○○ 소리' '×× 냄새' 하는 식으로 뭉뚱그리는 수밖에 없다.

감각과 언어 사이에는 그렇듯 간극이 있다. 그리고 그 간극을 언어 쪽에서 메울 수는 없다. 그것이 가능하다면, 붉은 것과 파란 것을 가리켜 보이지 않고도 '붉다' '파랗다'는 것의 의미를 설명할 수 있을 테지만 말이다.

색깔의 감각에 다가가려면, 우리들은 오히려 언어를 버리는 게 나을지도 모른다. 예를 들어, 화가는 언어를 버린 채, 붓이나 캔버스 등을 가지고 색깔의 감각에 다가가려 하는 사람이라 할 수 있다. 모델이 된 인물의 피부색과 옷 색깔을 캔버스 위에 재현하는 것은 많은 초상화가들이 끊임없이 추구한 목표 중의 하나였고, 변화하는 자연의 색깔이 반짝이던 어느 한 순간을 그대로 화면에 정착시키는 것은 인상파 화가들의 참신한 과제였다. 화가들의 그러한 시도를 돌이켜보면, 언어로 생각하는 것과는 다른 종류의 사고가, 그것도 막연하고 모호한 사고가 아니라 섬세하고 예리한 사고가 색깔에 대해 존재한다는 것을 확실히 납득할 수 있다.

그러나 비트겐슈타인은 화가가 아니다. 붓이나 캔버스 등을 가지고 생각하는 사람이 아니라, 언어를 매개로 생각하는 사람이다. 그렇다면 감각과는 떨어져 있는 언어의 모호함을 끊임없이 의식하면서 색깔에 관해 생각하지 않을 수 없다. 그때 그 사고에는 감각의 깊이로 들어가려 하지만 감각에 바싹 다가설 수 없는 안타까움이 따라붙는다. 그것이 『색채에 관하여』의 문체의 특질이다.

그러한 특질을 잘 보여주는 예로 다음의 대목을 인용한다. 이 책에 실린 가장 긴 아포리즘 가운데 하나이다.

룽게는 "검정은 눈에 띄지 않는다"고 말한다. 즉, 검정은 색깔에서 그 채도彩度를 앗아간다고 말하는 것이다. 하지만 이 말은 무엇을 의미하는 것일까? 검정은 색깔에서 빛나는 힘을 앗아간다. 그러나 이것은 논리적인 것일까, 아니면 심리적인 것일까? 매우 빛나는 빨강이나 매우 빛나는 파랑은 존재하지만, 그러나 매우 빛나는 검정은 존재하지 않는다. 검정은 색깔 중에서 가장 어두운 색이다. 사람은 '깊이 있는 검정'이라고는 말해도, '깊이 있는 하양'이라고는 말하지 않는다.

하지만 '매우 빛나는 빨강'은 밝은 빨강을 의미하는 것은 아니다. 어두운 빨강이어도 빛나는 경우가 있다. 색깔은 그것을 둘러싼 환경에 따라, 그 환경 속에서 빛나는 것이다.

그러나 회색은 빛나지 않는다.

그런데 검정은 색깔을 흐리게 하지만, 어두움은 흐리게 하지 않는 것처럼 보인다. 따라서 그렇게 생각하면 루비는 점점 어두워져가지만, 그러나 그 사이에 흐려지기 시작하는 일은 없을 것이다. 만약 루비가 검붉게 된다면, 그것은 흐려지고 말 것이다. 즉, 검정은 표면의 색이다. 캄캄한 어둠을 색깔로 부르는 경우는 없다. 〔그런데〕 그림 속에서는 캄캄한 어둠을 검정으로 그리는 일도 가능하다.

예컨대, 검정과 어두운 보랏빛의 차이는 큰북의 울림과 팀파니의 울림이 다른 것과 닮아 있다. 흔히 큰북의 울림은 음색이 아니라 소음이라 말한다. 결국 이 소음〔큰북의 울림〕은 광택이 없는, 완전히 검은 것이 된다. (Ⅲ-156)

한마디로 '검정'이라 해도, '검정'이라 불리는 다양한 검정이 있다는 사실을 우리는 경험적으로 알고 있다. 또한 검정에 가까운 색으로 '회색'

이 있지만, '검정'과 '회색'의 경계는 그렇게 명확하지 않고, 하나의 색깔을 보고 그것을 검정이라 해야 할지 회색이라 해야 할지 결정하기 어려운 경우가 있다는 사실 역시 경험적으로 잘 알고 있다.

색깔 혹은 색깔에 대한 감각은 그렇듯 모호한 것이다.

그 모호한 색깔 혹은 색깔 감각에 관해 비트겐슈타인은 가능한 한 명석하게 말하려고 했다. 자신의 시도를 '색채 개념의 논리학'이라 규정한 것만 봐도 명석함에 대한 의지를 확실히 읽어낼 수 있다. 앞의 인용문에서 '매우 빛나는 검정은 존재하지 않는다'든지 '회색은 빛나지 않는다'든지 하는 단정은 명석함을 지향하는 색채 논리학의 일단을 보여준다.

하지만 그것을 읽는 우리들은 쉽사리 명석한 경지로 인도되지 못한다. '매우 반짝이는 검정은 존재하지 않는다'는 말을 들으면, 검게 칠한 자동차나 검게 칠한 피아노는 매우 반짝이지 않느냐고 즉각 이의를 제기하고 싶어진다. 도료의 광택은 비트겐슈타인의 색채경험 범위 바깥에 속하는 일이라 지적한다면, 적란운積亂雲의 하양이나 비스듬히 미광微光이 스치는 회색 구름을 '깊이 있는 하양'이나 '빛나는 회색'의 예로 들 수도 있다. 그런 예를 가지고 비트겐슈타인의 단정이 즉각 뒤집힌다고까지는 말하지 않겠지만, 그가 내린 단정이 모호하다는 사실은 확인되었다고 말할 수는 있을 것이다.

2

감각의 모호함을 다루는 데 애를 먹은 비트겐슈타인은 색깔의 개념에 희망을 걸었다. 색깔 개념 안에서 명석한 것을 찾아낼 수 있지 않을까 하고. 예를 들면, 비트겐슈타인은 괴테와 비슷한 시기에 살았던 물리학자 리히텐베르크의 '순백純白'이라는 개념에 주목하여 다음과 같이 말했다.

> 리히텐베르크는 '순백을 본 적이 있는 사람은 아주 적다'고 말했다. 그렇다면 '순백'이라는 말을 대개의 사람들은 잘못 사용한다는 말일까? 리히텐베르크는 그 말의 올바른 사용법을 어떻게 배운 것일까?―그는 그 말의 통상적인 사용법으로 이상적인 사용법을 구성한 것이다. 그리고 그것은 그가 더욱 탁월한 사용법을 구성했음을 의미하는 것이 아니라, 어떤 방향으로 순화된 사용법을 구성했음을 의미하며, 여기서는 무언가를 극한까지 밀고나갔다는 것이다.
> (1-3)

우리들은 매일매일 여러 가지 하양을 본다. 여러 가지 하양을 일괄하여 '하양'이라 부른다. 그 하양이 회색이나 녹색이나 빨강과 다른 색이라는 사실도 알고 있다.

그러한 경험을 바탕으로 '순백'―순수한 하양―이라는 것을 머릿속에서 상상할 수는 있다. 회색을 띤 하양이나 녹색을 띤 하양이나 붉은 빛을 띤 하양이 아니라 '순수한 하양'인 것이 존재할 수 있다고 상상할 수 있고, 개념이라는 말을 사용하고 싶다면 그것을 '하양'의 개념이라 말해도 좋을 것이다. 그것은 추상화를 극한까지 밀고나간 지점에서 드러나는 '하양'이다.

하지만 그러한 순백을 본 적이 있느냐는 질문을 받으면 난처해진다. '이것이 바로 하양이다' 하는 색깔을 보고 '순백'이라고 생각하거나 말한 적은 있지만, 그것이 정말로 '순백'이냐는 질문을 받으면, 그렇다고 단언하기 어렵다. '순백'에 가까운 하양이라고 말하는 게 온당할 것이다. 순백을 본 사람은 극히 적다고 말한 리히텐베르크 역시 순백을 보았다고 자신 있게 말하는 것은 아마도 불가능할 것이다.

그러나 비트겐슈타인은 순수한 하양에 강한 집착을 보인다.

내가 한 장의 종이에 대해 '그것은 순백이지만, 그 종이를 눈(雪)과 나란히 두면, 종이는 회색으로 보인다'고 말한다 하더라도, 그 종이가 보통의 환경에 놓여 있다면 역시 나는 그것을 밝은 회색이라 부르지 않고 당연히 하양이라 부를 것이다. 물론 실험실 안에서 내가 하양의 순화純化된 개념을 사용하는 경우는 있을 것이다. (I-5)

실험실에서 얻은, 참으로 하양다운 하양을 순수한 하양이라 부르기로 한다. 그러나 그것은 정말로 '순백'인 것일까. 예를 들어, 눈과 하양을 비교하여, 실험실의 하양 쪽이 순수한 하양이라고 말할 근거는 있는 것일까. 실험실의 하양을 머릿속에서 '순수한 하양'이라 정의하고 이름을 붙여 말하는 것이라면 정의를 받아들이든지 받아들이지 않든지 둘 중 하나밖에 없겠지만, 실험실의 하양과 눈의 하양을 나란히 두고, 어느 쪽이 순수한 하양인지 심사숙고하면, 어느 쪽으로도 결정하기 어렵다고 하는 게 정직한 답일 것이다. 그것이 색깔 감각의 모호함이고 복잡함이다.

다음의 사고실험에서도 비트겐슈타인은 마찬가지 모호함에 부딪힌다.

> 우리가 그림 한 장을 대강 단색의 작은 부분으로 잘라낸 다음, 이것을 직소 퍼즐의 조각으로 사용한다고 생각해보자. 그 조각이 단색이 아닌 경우라도, 그것은 겉으로 보기에 입체적인 모양이 아니기 때문에, 그저 평탄한 색깔을 띤 부분으로 보일 것이다. 그 조각은 다른 조각과 연결되어 비로소 파란 하늘의 일부가 되거나, 밝음과 어두움을 드러내거나, 투명하거나 불투명하거나 할 것이다. 하나하나의 조각은 우리에게 그림의 부분이 지닌 진정한 색깔을 보이고 있는 것일까? (1-60)

직소 퍼즐 한 조각의 색깔은 그저 파랑이다. 퍼즐 조각을 끼워 그림이 완성되면, 방금 전 조각의 파랑은 파란 하늘의 파랑으로 보인다. 조각을 하나만 떼어내서 볼 때의 파랑과, 조각을 그림에 끼워넣었을 때의 파란 하늘의 파랑은 같은 파랑일까 다른 파랑일까. 물리적·객관적으로는 같은 파랑이지만, 보기에는 다른 파랑이다. 물리적·객관적으로는 같은 색깔이지만, 구체적인 장면에서는 다른 색깔로 보인다. 그렇게 달리 보이는 것을 언어에 의해 분석적으로 표현하기는 대단히 어렵다. 물리적·객관적으로 같은 색깔이라고 입증하는 쪽이 그것에 비하면 쉬운 일이다. 조각으로 잘라낸 색깔은 단독 조각의 색깔이든 그림에 끼워넣은 색깔이든 추상화된 색깔이기 때문이다.

비트겐슈타인은 그렇게 잘라낸 색깔이 '진정한 색깔'인 것인지 자문한다.

'그렇다, 진정한 색깔이다'라고 말하는 입장은 충분히 성립된다. 그리고 그 입장에 서면, 색깔에 관해 조금 개념적으로 혹은 분석적으로 말할 수 있을 것이다. 추상화된 색깔을 비교할 때는 물리적인 수치를 이용할 수 있는 경우도 적지 않을 것이다.

하지만 그렇게 색깔을 파악하는 방법을 구체적인 색깔 감각의 진상에 다가가는 것이라고 말하기는 어렵다. 도리어 구체적인 색깔 감각에서 동떨어진 작업처럼 생각된다. 멀리 떨어져서 객관성이나 분석성이 높아진다면 그래도 좋다고 여길 수 있겠지만, 색깔에 관해서만은 역시 그런 입장에 얼른 몸을 맡기는 건 망설이게 된다. 어째서일까.

이제부터 색과 소리를 대비하면서 그 점을 생각해보자.

3

절대음감이라는 말이 있다. 어느 음의 음높이를 다른 음과 비교하지 않고 판별할 수 있는 능력을 말한다. 비트겐슈타인은 절대음감과 비슷한 능력이 색깔에 관해서도 성립되지 않을까 하고 묻는다.

절대음감이 존재하지만 그러한 능력이 없는 사람도 존재하는 것처럼, 역시 색깔을 보는 것에 관해서도 다양한 재능이 존재한다고 생각할 수 있을 것이다.

예를 들어, '짙은 색깔'이라는 개념을 '따뜻한 색깔'이라는 개념과 비교해보자. 어떤 사람이든 '따뜻한' 색깔이나 '추운' 색깔을 반드시 알고 있을까? 만약 그들이 색깔을 적절한 분류에 따라 '따뜻한 색깔' 혹은 '추운 색깔'로 부르는 것이라고 다른 사람에게 확실히 가르침을 받았다면, 물론 그건 별개의 문제이다.

예를 들어, 어떤 화가가 '네 가지 순수한 색깔'이라는 개념을 전혀 갖고 있지 않고, 그렇기는커녕 그러한 개념에 대해 말하는 것은 바보 같은 짓이라고 여기는 경우도 있을 수 있지 않을까? (III-28)

절대음감과 비슷한, 색깔에 대한 능력을 '절대색감絕對色感'이라 부른다고 해보자. 하지만 그렇게 이름을 붙인 순간 '절대색감'이란 무엇인가 하는 의문이 생긴다. 순수한 빨강과 파랑을 판별하는 능력이라 생각한다고 하더라도, 순수한 빨강과 순수한 파랑이 어떠한 것인지, 그 점에서 보아도 모호하다. 소리와 색깔은 둘 다 감각되는 대상이지만, 그 감각이 존재하는 양상은 한쪽에서 성립되는 것이 다른 쪽에서도 성립된다고 간단하게 말하기는 어려울 듯하다.

절대음감으로 돌아가서 생각해보자.

절대음감은 소리에 대한 능력이라고는 해도 소리 일반에 대해 말하는 것이 아니라, 주로 음악에 관련된 소리에 대해 말하는 능력이다. '피아노의 건반 하나를 눌렀을 때, 그 소리의 음높이를 정확하게 판별할 수 있다'는 따위가 그것이다. 그리고 절대음감을 갖고 있느냐 아니냐 하는 것은 오로지 음악의 세계에서만 중요한 문제이다.

그런데 음악에서의 소리는 자연에서의 소리하고는 동떨어진, 인공적으로 정비된 소리이다. 연주회장이 정적을 선호하는 것은 연주되는 음악이 자연스런 소리를 배제한 인공적인 소리이기 때문이다. 인공적인 소리를 내는 악기는 엄밀한 수량계산을 바탕으로 만들어진 정밀한 기구이다.

그러한 악기를 바탕으로 하면, 일정한 높이의 소리를 만들어내는 일은 언제든 어렵지 않다. 피아노의 같은 건반을 누르면 같은 소리가 나온다고 생각해도 무방하다.

부정확한 것은 오히려 우리의 감각이다. 같은 건반을 눌러도 다른 높이의 소리로 들리거나, 다른 건반을 눌러도 같은 소리로 들리거나 한다. 같은 건반의 소리가 언제나 같은 음높이로 들린다면 그것이 오히려 특수한 경우이고, 따라서 음악의 세계에서는 절대음감을 갖고 있는 것을 귀하게 여기기도 한다.

색깔의 경우는 어떨까.

색깔에 관해서는 자연의 색깔과 동떨어진 인공적 색깔의 세계가 성립되지 않는다. 그것이 소리와 결정적으로 다른 지점이다.

소리의 예술이 음악이라면 색깔의 예술은 회화라고 하겠는데, 회화의 색깔이 자연의 색깔과 전혀 다른 질서를 이룬다고는 도저히 말할 수 없다. 그림으로 그린 소나무의 녹색은 현실의 녹색에 가깝고, 그림으로 그린 인간의 얼굴색은 현실의 피부색을 방불케 한다. 추상화의 색깔은 현실에 대응하는 색깔은 아니지만, 그 색깔을 보아도 우리들은 자연의 색깔과는 동떨어진, 인공적으로 정밀하게 질서를 잡은 색깔이라고 느끼지는 않는다. 기계적인 느낌은 들지만, 그것을 보았다고 해서 자연의 색깔이 무질서하고 불순하며 잡박하다고 느끼거나 하지는 않는다.

회화의 색깔만 그런 것이 아니다. 주택의 색깔이든 의복의 색깔이든, 더 나아가 지금 우리들의 주변에 흘러넘치는 인공적인 색깔이든 간에 우리들은 그것들이 자연의 색깔과는 동떨어진, 자연의 색깔과는 다른 세계를 만드는 색깔이라고 느끼지 않는다. 그 많은 색깔들을 자연과 이어진 색깔로 받아들이고 있다.

그림도구나 페인트 같은 인공적 소재를 곁에 두고, 하나의 소재를 어떤 비율로 섞은 것이 '순수한 빨강'이고, 또 하나의 소재를 다른 어떤 비율로 섞은 것이 '순수한 파랑'이라고 정의하는 일은 가능할지도 모른다.

하지만 자연의 색에 매우 친숙한 우리의 색채 감각은 그러한 인공적인 빨강과 파랑을 순수한 것으로 쉽사리 인정하지 않을 것이고, 더 나아가 그런 '순수한 빨강'과 '순수한 파랑'을 기준 삼아, 자연 속에 있는 다채롭고 미묘한 빨강과 파랑을 개념적으로 질서 있게 정돈할 수 있다고는 생각하지 않을 것이다.

비트겐슈타인은 색채에 관한 자신의 고찰을 '색채 개념의 논리학'이라 부르는데, 명석한 개념을 얻으려는 끝없는 논리적 추구는 도리어 색깔 감각의 모호함이나 그 모호함의 심층을 이루는 색깔 감각의 풍요로움을 드러내주었다. 그리고 말할 것도 없이, 색깔 감각의 풍요로움은 색깔의 아름다움과 긴밀히 연결되어 있다.

세계의 탄생
메를로퐁티 『눈과 정신』

20세기 프랑스 철학자 모리스 메를로퐁티는 쉰셋의 이른 나이에 세상을 떠났다. 작고한 해가 1961년. 일본에서는 그의 급작스런 죽음이 크게 보도되지는 않았지만, 부음을 듣고 허를 찔린 듯한 느낌을 받았던 기억이 난다.

메를로퐁티는 철두철미하게 몸(身體)에 천착한 철학자였다. 몸에서 시작하여 몸에서 끝나는 사색, 그것이 메를로퐁티의 철학이었다. 메를로퐁티는 첫 책인 『행동의 구조』에서 유저인 『보이는 것과 보이지 않는 것』에 이르는 저작과 강연 어디서나 몸의 존재방식에 관심을 쏟았다. 여기에서 다룰, 그가 세상을 뜨기 직전에 쓴 『눈과 정신』도 몸에 대한 끝없는 관심에서 탄생한 논고다.

1

　몸이 사는 모습을 그릇되게 파악하지 않으려면, 우선 과학과 기술을 떠나야 한다. 왜냐하면,

　　과학은 사물을 능숙하게 조작操作하지만, 사물에 거하는 것은 단념하고 있다. 과학은 ……현실세계와는 아주 가끔 대면할 뿐. (253쪽)*

이기 때문에.

　하지만 '사물에 거'한다는 것은 무슨 뜻일까. '현실세계와 대면'한다는 것은 무슨 뜻일까. 그것을 말하기란 참으로 어렵다. 말해보려고, 메를로퐁티는 살아 있는 몸에 주목하고 귀를 기울이지만, 아무리 해도 남김없이 다 말했다 싶은 경지에 이르지 못한다. 그러므로 거듭 문제를 제기하고, 몇 번이나 다시 몸의 존재양태를 말했다. 『눈과 정신』도 몇 번이나 다시 고쳐 말한 것 중의 하나이다.

　이 책에서는 과학의 조작주의操作主義의 대척점에 회화를 두었다.

　　예술, 특히 회화는 [과학적 사고의] 저 활동주의[=조작주의]가 도무

---

* 이하에 인용된 메를로퐁티의 문장은 난해한 편이다. 이미 소개된 한국어역을 참고하면 좋을 것이다(김정아 옮김, 『눈과 마음』, 마음산책, 2008).

지 알고 싶어하지 않는 이 '가공되지 않은 의미'의 켜(層)에서 모든 것을 길어올린다. ……화가만이 ……모든 것을 바라볼 권리를 갖고 있다. (255쪽)

회화가 과학의 대척점에 있는 이유는 회화가 몸의 움직임 자체에서 탄생하기 때문이다. 그리하여 회화론은 그대로 신체론身體論이 된다. 그러한 자리에서 메를로퐁티는 회화를 논하고, 몸을 논한다.

> 화가는 '몸을 들고다닌다'고 발레리가 말했다. 실제로 '마음'이 그림을 그린다는 것은 생각조차 하기 어려운 일이다. 화가는 제 몸을 세계에 빌려줌으로써 세계를 그림으로 바꾼다. 이와 같은 실체변화實體變化*를 이해하려면, 활동하고 있는 현실의 몸, 즉 공간의 한 조각이거나 기능의 묶음인 몸이 아니라, 시각과 운동이라는 실을 꼬아서 줄로 만들어줄 몸을 다시 찾아내야 한다. (257쪽)

메를로퐁티가 몸에 관해 말하는 것을 이해하기란 결코 쉽지 않다. 앞의 인용문도 그렇다. 무언가 흥미로운 것을 말한다는 느낌은 들지만, 그 내용이 좀처럼 납득되지 않는다. 메를로퐁티는 '화가는 제 몸을 세계에 빌려줌으로써 세계를 그림으로 바꾼다'고 말한다. 화가의 몸이 세계를

---

* 가톨릭 성체성사聖體聖事에서, 빵과 포도주가 그리스도의 몸과 피로 변하는 일을 가리킨다. 성변화聖變化, 변화지례變化之禮, 화체설化體說이라고도 한다.

향해 나아가고, 그 운동 때문에 세계가 흔들린다. 흔들린 세계와 몸이 다양하게 교류하고, 이윽고 하나로 정리된 모습을 보여준다. 그리하여 세계는 그릴 수 있는 세계가 된다. 즉, 세계가 그림으로 바뀐다. ……

메를로퐁티는 그러한 내용을 말하려 한 것이라 생각되지만, 저 문장을 이렇게 부연해봐도 몸과 세계의 관계가 명석하게 보인다고 말할 수는 없다. 관계의 존재양태가 불투명한 구석이 없는 명석함을 허용하지 않는다고 말해야 할지, 우리의 언어가 사태를 따라잡지 못하고 있다고 말해야 할지 모르겠는데, 속 시원히 납득되지 않아서 누구보다 더 답답해한 것은 메를로퐁티 자신이 아니었을까. 속 시원히 납득되지 않기 때문에 더욱더 몸에 집착했고, 집착했기 때문에 답답함은 더욱 증폭되어갔다. 그것이 메를로퐁티의 철학이었다.

수수께끼는 내 몸이 '보는 것'인 동시에 '보이는 것'이라는 점에 있다. 모든 것에 눈길을 보내는 내 몸은 제 자신에게도 눈길을 보낼 수 있고, 또한 그때 자기가 보고 있는 것을 자신이 보는 능력의 '이면裏面'이라고 인식할 수 있다. 내 몸은 보고 있는 자기를 보고, 만지고 있는 자기를 만진다. 내 몸은 제 자신에게도 보이는 것이고, 느껴질 수 있는 것이다. 그것은 하나의 자기自己이다. 다만 그것은 ……투명함을 통해 하나의 자기가 되는 것은 아니다.─그것은 혼재混在와 나르시시즘을 통해서, 즉 '보는 것'이 '보이는 것'으로, '만지는 것'이 '만져지는 것'으로, '느끼는 것'이 '느껴지는 것'으로 내속內屬됨으로써 하나이고, ―그러므로 사물들 사이에 둘러싸여, 안과 밖, 과거와 미래……를 가진 하나의 자기이다. (258~259쪽)

메를로퐁티는 몸이라는 수수께끼에 생각을 집중하고 있다.

보는 몸과 보이는 몸은 하나다. 똑같은 몸이 자기를 보고, 자기에게 보인다. 하나인 몸이 보는 것과 보이는 것으로 나뉘어 있다. 혹은 보는 것과 보이는 것으로 나뉘면서 몸은 하나이다. 그것을 나는 알고 있다.

어떻게 아는가. '보는 몸과 보이는 몸을 함께 포착하는 반성적 시점視點이 있고, 그것이 몸의 동일성을 보존한다'고 생각하면, 나는 '투명함을 통해 하나의 자기가 될' 수 있을지도 모른다. 하지만 메를로퐁티는 그게 아니라고 말한다. 보는 몸과 보이는 몸의 동일성은 높은 곳에 서 있는 관념적 자아를 통해 성립되는 것이 아니라 몸 자체에서 성립되며, 몸 자체가 자각하고 있는 것이라 말한다. 보는 것과 보이는 것, 그 둘이 하나이고, 그 하나가 둘이며, 그것이 몸이라는 것이고, 몸이 살아 있다는 건 바로 그것이라고 말한다.

살아 있는 몸은 자기를 보는 것만은 아니다. 자기 바깥에 있는 다양한 사물도 본다. 뭐랄까, '본다'는 것은 외계의 사물을 보는 것이 그 첫번째 뜻이고, '제 몸을 보는 것'은 그 첫번째 뜻에 바짝 붙어 있는 '본다'이며, 제 몸도 본다고 할 때의 '본다'이다.

'제 몸을 본다'는 것은 '본다'와 '보인다'가 복잡미묘하게 하나가 되었다 둘이 되었다 하는, 투명성을 기하기 어려운 '본다'이겠는데, 그것에 호응이라도 하듯 '사물을 본다'도, 거기에 작용하는 몸의 존재양태를 파악하려 하면, 세계와의 사이에 불투명한 흔들림과 불안정함이 몇 겹이나 솟아올라와 겹친다. 하기는, 메를로퐁티 자신도 그러한 모습을 패러독스라고 말하고 있다.

보이는 것이고 움직여지는 것인 내 몸은 사물의 하나에 들어가고, 하나의 사물이다. 내 몸은 세계의 실올 안에 거두어들여지고, 그 응집력은 사물의 응집력이다. 그러나 내 몸은 스스로 보거나 움직이기도 하므로, 제 주변에 사물을 모으는데, 그들 사물은 말하자면 몸 자체에 부속된 것이거나 연장된 것이어서, 그 살 속에 상감象嵌되고, 말의 온전한 의미에서 몸의 일부를 이룬다. 따라서 세계는 다름아닌 몸이라는 재료로 만들어져 있다는 말이다. 이 전도된 말하기 방식, 이 모순된 논법은 시각[본다는 작용]이 사물의 한복판에서 뽑혀나왔다는, 혹은 차라리, 사물의 한복판에서 스스로 생기生起했다는 사실을 이리저리 바꾸어말해보려는 시도에 불과하다.
(259쪽)

중요한 것은, 사물을 볼 때 내가 사물에서 몸을 뺀 것은 아니라는 점이다. 몸을 빼는 것이 아니라, 몸을 앞으로 내밀어 사물에 다가가는 것이 사물을 보는 행위인 것이다. 그러한 몸의 움직임 속에서 사물은 몸의 일부가 되고, 세계가 몸이라는 재료로 만들어진다. 보이는 사물, 보이는 세계는 말하자면 신체화身體化된 사물, 신체화된 세계이다.

하지만 이야기는 거기에서 끝나지 않는다. 메를로퐁티는 다시금 시점을 뒤집는다. 마치 사물과 세계의 신체화가 가능한 것은 몸이 사물이고 본다는 작용이 사물의 한복판에서 일어나기 때문이라고 말하는 것처럼. 몸을 출발점으로 잡으면, 몸이 사물과 세계를 신체화한다고 말할 수 있는데, 그 이전으로 더 거슬러올라가면 '사물의 한복판에서 몸이 생기生起한다'고 말할 수 있다.

몸의 생기를 하나의 정경으로 그려본다면, 저렇게 될까.

몸이 등장하기 이전은 사물이 그저 거기에 있다, 그렇게밖에 말할 수 없는 상태이다. 사물과 사물이 관계하는 것이 아니고, 몇 개의 사물이 정리된 모습을 이루지도 않으며, 전체적으로 질서라고 할 만한 것도 전혀 없다. 몸이 없기 때문에, 사물들은 보는 것 보이는 것도, 만지는 것 만져지는 것도, 느끼는 것 느껴지는 것도 없이 그저 거기에 있을 뿐이다. 그런데 거기에 몸이 출현한다. 몸은 사물을 보고, 사물을 만지고, 사물을 느낀다. 또한 제 몸을 보고, 제 몸을 만지고, 제 몸을 느낀다. 그러한 시각과 촉각과 감각을 통해, 몸 주변에 하나의 세계가 생긴다. 몸이 가만히 있으면 가만히 있는 대로, 움직이면 움직이는 대로 그 나름의 세계가 생긴다. 몸이 있다는 것은 그렇게 사물의 한복판에서 사물과 교류하고, 그때마다 세계를 만들어내는 것이다.

2

메를로퐁티는 투명하게 똑똑히 살피기 어렵고, 명석하게 표현하기 어려운, 살아 있는 몸의 이러한 존재양태가 그대로 고스란히 회화의 문제라고 말한다. "회화의 여러 가지 문제가 몸의 수수께끼를 도해圖解하여 보여주고, 또한 몸의 수수께끼가 회화의 문제를 정당화해준다."(260쪽) 메를로퐁티가 거론한 것은 인류 최고最古의 회화로 지목되는 라스코 동굴벽화이다.

> 라스코 동굴에 그려져 있는 동물은 석회암의 균열과 융기가 거기에 있는 것과 같은 방식으로 거기에 있지 아니한다. 그렇다고 해서, 그들 동물이 어딘가 '다른 곳'에 있다는 말은 아니다. 이 동물들은 교묘하게 이용되고 있는 바위의 바로 조금 앞쪽이나, 혹은 바위의 조금 안쪽에서 그 바위에 의해 지탱되면서, 그 주변으로 제멋대로 각각 흩어지지만, 눈에 보이지 않는, 그림과 화면을 잇는 밧줄을 잡아당겨 끊지는 않는다. 내가 보고 있는 그림(畵像)이 '어디에' 있는지를 말하는 것은 확실히 매우 힘든 일이다. 왜냐하면 나는 그림을 사물을 보듯이 보고 있지 않고, 그림을 그 장소에 정착시키려고도 하지 않기 때문이며, 내 시선은 존재의 테두리를 그리는 빛 속을 헤매듯 그림 속을 헤매고, 나는 그림을 본다기보다는 차라리 그림을 따라서, 그림과 함께 보고 있기 때문이다. (261쪽)

메를로퐁티의 신체론을 바탕에 깔고 앞의 문장을 읽으면, '석회암의 균열과 융기'가 사물이고, 동물 그림이 사물의 한복판에서 생기한 몸처럼 읽힌다. 물론, 진짜 몸이 존재하지 않는다면 그림이 몸처럼 존재할 수 없겠지만, 진짜 몸이 존재하는 세계 속에서는 그림이 몸처럼 존재하는 것이 가능해진다. '세계는 다름아닌 몸이라는 재료로 만들어져 있'기 때문이다.

그렇다 하더라도, 회화의 실상을 언어로 잡아내려는 메를로퐁티의 표현은 얼마나 섬세하고 또 대담한가. 동물들이 '바위의 바로 조금 앞쪽이나, 혹은 바위의 조금 안쪽에' 있다는 표현. 또한 '내 시선은 존재의 테두리를 그리는 빛 속을 헤매듯 그림 속을 헤매고, 나는 그림을 본다기보다는 차라리 그림을 따라서, 그림과 함께 보고 있'다는 표현. 그런 문장들은 사태를 더욱 정밀하게, 더욱 명쾌하게 밝혀낸 분석적 표현이라기보다는 사물을 보는 상식적·통념적 방식을 무너뜨리고, 그 안쪽에 있는 미답의 영역에 발을 딛으려 하는 표현이라 생각된다. 읽다보면 가벼운 현기증이 이는 듯한 느낌이 드는 것도 그 때문이다.

세잔이나 클레의 그림을 예로 들어 말하는 다음의 화상론畵像論을 보면 현기증이 더욱 심해진다.

화가의 시각은 더 이상 '바깥'을 향한 시선, 즉 세계와의 단순한 '물리적·광학적' 관계가 아니다. 세계는 더 이상 화가 앞에 표상表象되어 있는 것이 아니다. 말하자면 '보이는 것'이 초점을 얻고, 자기에게 바싹 다가감으로써, 오히려 화가가 사물들 사이에서 탄생하는 것이다. 그리고 최후에, 그림이 경험적인 사물 속에 있는 무언가에 관계된다면, 그것은 다름아니라 그림 자체가 우선 '자기를 형상화하는 성격을 띤' 것이기 때문이다. 그림은 오직 '어느 무엇의 광경도 아닌 것'에 의해서만, 즉 사물이 어떻게 해서 사물이 되고, 세계가 어떻게 해서 세계가 되는지를 보이기 위해 〈사물의 거죽〉을 찢는 것'에 의해서만, 어떤 사물의 광경인 것이다. (288쪽)

눈앞에 서 있는 이젤에 흰 캔버스가 놓여 있다. 왼손에 팔레트를, 오른손에 붓을 든 화가가 자연스럽게 눈에 들어오는 풍경을 가만히 응시하며, 나무와 풀과 강을 눈에 보이는 그대로 캔버스 위에 재현한다. ─ 메를로퐁티는 그림을 그린다는 것은 결코 그런 것이 아니라고 말한다.

과연, 화가는 풍경을 가만히 응시하기는 할 것이다. 하지만 그것은 풍경을 억지로 탈취해 캔버스 위에 그려넣기 위해 하는 행동이 아니다. 오히려, 풍경이 풍경으로서 눈앞에 모습을 드러내는 현장에 몸을 두고, 풍경과 함께 자기 자신도 태어나려 하기 위함이다. 아니, 화가의 시선은 풍경을 바라보는 동안에 어느덧 풍경 속에 들어가고, 풍경 옆에 바짝 붙어서 풍경과 함께 모습을 드러낸다. 그림이 '자기를 형상화하는 성격을 띠었다고 말한 것은 그런 뜻이다.

이런 말을 듣고, 눈앞이 환히 열리는 듯한 느낌이 드는 독자는 없을 것이라 여겨진다. 무엇이든 간에 몸과 관련한 사태는 그렇게 선명하게

다 설명할 수 있는 것이 아니다. 그것이 신체론의 기반을 이루는 메를로퐁티의 확신이다. 혼란을 두려워하지 않고 모호한 영역으로 한 걸음 한 걸음 발을 내딛는 것, 그렇게 하지 않고서는 몸의 실상에 다가갈 수 없다. 메를로퐁티의 문장은, 그렇게 생각하고 사색을 거듭하여, 날것의 현실을 최대한 표현에 반영하려 한 결과물이므로, 명쾌함이나 선명함과는 거리가 먼 것도 어쩌면 당연한 일이다. 그 문장은 독자 또한 모호한 영역으로 끌어들이고, 희미한 빛에 의지해 한 걸음 한 걸음 사색을 진행하라고 재촉한다.

세잔의 〈생 빅투아르 산〉을 논한 다음의 대목을 보면, 재촉하는 소리가 귀에 울리는 듯한 느낌이 든다.

> 세잔이 그리려 했던 '세계의 순간'은 훨씬 이전에 지나가버렸지만, 세잔의 캔버스는 그 순간을 우리에게 간단間斷없이 제시한다. 그리고 그의 생 빅투아르 산은 세계 어디에서든 나타나고, 되풀이하여 나타날 것이다. 엑상프로방스에 우뚝 솟은 단단한 바위산과는 다르게, 하지만 그에 못지않게 강력하게. 본질과 실존, 상상과 실재, 보이는 것과 보이지 않는 것, 회화는 그 모든 범주를 뒤섞어, 육체를 갖춘 본질, 작용인作用因의 성격을 띤 유사성, 무언無言의 의미로 이루어진 그 꿈의 세계를 펼쳐 보이는 것이다. (268쪽)

세잔의 그림을 넋을 잃은 얼굴로 바라보고 있는 메를로퐁티의 모습이 떠오른다. 메를로퐁티가 그림을 바라보고 있는 것인가, 그림이 메를로퐁티를 바라보고 있는 것인가. 어느 쪽이라고도 말할 수 없는 경지에서, 적어도 그러한 경지를 지향하며 메를로퐁티는 앞의 문장을 쓰고 있다. 라스코 동굴벽화의 경우도 그러했지만, 그림을 앞에 둔 메를로퐁티는 그림이 탄생하는 순간이 동시에 세계가 탄생하는 순간인 듯한, 그러한 순간을 지켜보려 하고 있다. 그 순간은 바로 무한한 가능성을, 무한한 미래를 속에 간직한 순간이었다.

> 우리가 회화에서도, 그리고 다른 영역에서도 문명의 단계를 결정할 수 없거나 진보를 논할 수 없는 이유는 ……최초의 회화가 미래의 마지막 끝까지 완전히 나아갔기 때문이다. 가령 어떠한 회화도 '회화 자체'를 완성하지 못했고, 어떠한 작품도 절대적인 의미에서 완전하게 마무리된 적은 없었다 하더라도, 각각의 창작은 다른 모든 작품을 바꾸고, 작품의 성질이 달라지게 하고, 명백하고 뚜렷하게 만들고, 깊어지게 하고, 확실하게 하고, 고양시키고, 다시 창작하게 하고, 미리 창출하게 한다. ……창작은 그 생애의 거의 전부를 제 앞쪽에 가지고 있다는 이야기다. (301쪽)

『눈과 정신』은 이러한 말로 끝을 맺는다.

3

조금 앞으로 돌아가서, 눈은 '마음의 창'이라는, 회화의 핵심을 이루는 신체론을 살펴보자.

눈이 없는 몸속에 마음이 있다. 마음은 짙은 어둠 속에 갇혀 있다. 바깥 세계에 대해 생각할 수는 있지만, 바깥 세계를 볼 수는 없다. 눈이 없는 몸은 창이 없는 암실과 비슷하다.

그 몸에 눈이 달린다. 암실에 창이 열리는 것이다. 방안에 빛이 쏟아져들어옴과 동시에, 방안의 마음과 바깥 세계의 교류가 시작된다.

> 시각은 사고의 한 양태이거나 자기에의 현전現前이 아니다. 시각은 내가 나 자신으로부터 부재不在하는 상태가 되어, 존재의 갈라진 틈을 안쪽에서 마주하기 위해 우리가 선물로 받은 수단이다. (295쪽)

창이 열리면 암실에 있던 나는 정신없이 바깥을, 존재의 세계를 바라볼 것이다. 자기 자신 따위는 잊어버리고 바깥으로 눈을 향할 것이다. 메를로퐁티는 그 '나'가 바로 화가의 나이고, 나를 바깥으로 열어주는 눈이 바로 화가의 눈이라고 말한다. 앞의 인용문에 이어지는 문장은 이렇다.

> 화가들은 항상 이 사실을 알고 있었다. ……(아직 봉인이 뜯기지

않은〕 사물의 형태를 작품 속에 출현시키는 이 침묵의 과학〔=회화〕
은 눈에서 출발하여 눈으로 향한다. 눈은 '마음의 창'이라 여겨질
만하다. ……눈은 마음에, 마음이 아닌 것, 즉 사물의 지극히 복
된 영역과 사물의 신, 즉 태양을 열어주는 기적을 행한다. ……화
가는 그것에 따라붙는 모든 어려움을 각오한 채, '마음의 창'이라는
신화를 받아들인다. 있을 곳이 없는 것〔=마음〕은 당연히 몸에 속박
되며, 그뿐 아니라 이 몸을 매개삼아, 모든 타인과 모든 자연을 한
패로 받아들일 필요가 있다. ……시각을 통해 우리는 태양과 별을
만지고, 우리는 도처에, 가까운 것에든 먼 것에든 동시에 존재한다.
(295~296쪽)

눈이, 몸이, '마음의 창'이라 말하는 것은 서양사상사의 흐름을 애써
노려본 발언이다.

마음과 몸, 정신과 육체의 이원론은 오랫동안 서양사상사의 기축을
이뤄왔다. 몸 안에 정신이 있다. 세속에 물들기 쉽고, 욕망과 감정에 사
로잡히기 쉬운 육체에 비해, 그 안에 있는 정신이야말로 인간의 가치를
높이는 고귀한 것, 순수한 것이다. 그렇게 생각하는 것이 고대 그리스 이
래로 서양사상사의 토대를 이루는 사고방식이었다.

몸에 집착하는 메를로퐁티의 철학은 그 자체로 서양사상사에 대해
근본적 이의를 제기하는 의미를 지닌다. 전통적인 철학의 말이 육체에
대한 정신의 우위를 주장하는 사상으로 명석함을 획득했다면, 몸에 집

착하는 메를로퐁티는 표현에 모호함이 따라붙는 것을 사고의 숙명으로 받아들인다. 메를로퐁티에게는 모호함에 꺾이지 않고 사색을 거듭하는 것이 철학하는 것이었고, 그는 그 사실을 충분히 자각하고 있었다.

바로 앞의 인용문에도 〈마음의 창〉이라는 신화'라는 말이 나온다. 눈이 '마음의 창'이라 말하는 것은 서양사상사의 통념에서 보면 신화에나 나올 법한 사고방식이라는 사실을 자각한 채, 메를로퐁티는 굳이 그 생각을 들고나왔고, 그리고 화가는 그것을 '받아들인다'고 단언한 것이다.

정신은 정신이 본래 있던 대로의 상태에서는 세계에 열리지 않는다. 세계를 조작할 수 있을 뿐이다. 정신이 세계와, 정신이 자연과 풍요롭게 교류하려면, 몸이야말로 마음의 창이라는 사실을 정신이 알아채야 한다. 그리고 정신이 몸에 거하고, 사물에 거해야 한다. 몸을 통해서 보이고 만져지고 느껴지는 것, 모든 것은 거기서 시작된다. ―그렇게 생각하는 메를로퐁티가 철학자보다 화가에게 친근감을 품는 것은 그리 이상한 일이 아니다.

고분샤 문고판 후기

3년 전에 소프트커버 단행본으로 낸 책이 이번에 문고본으로 옷을 갈아입고 서점에 나오게 되었다.

문고본용으로 바뀐 교정쇄를 살펴보면서, 원래 원고와 씨름하던 때의, 다소 한가롭게 책을 읽고 집필했던 시간의 흐름을 떠올렸다. 예전에 흥미롭게 읽었던 책을 마음 가는 대로 선정하고 관련 서적도 뒤적거리면서 이것저것 메모하며 통독한다. 그러고는 조금 사이를 두었다가 메모를 바탕으로 글의 구성을 생각하고, 400자 원고지 30매 전후의 글로 마무리한다. 책으로 묶을 때는, 편집자의 주문도 있고 해서 내용적으로 가까운 책 세 권을 하나로 묶어 흐름을 만들었지만, 집필순서는 그것과 달랐다. 한 권에 대한 글을 마치면, 다음에는 내용상 동떨어진 책으로 날아가 기분전환을 꾀했던 생각이 난다. 어깨에 힘을 빼고 쓴 습작을 되풀이하여 한 권의 책으로 묶은 까닭에, 나는 지금도 한 편 한 편에 애착이 간다.

최근 십몇 년, 출판계에서는 서양서를 새로 번역하거나 개역하는 일이 활기차게 이어지고 있는데, 철학·사상 분야도 예외는 아니다. 그래서 이 책에서 다룬 존 스튜어트 밀의 『자유론』도 새 번역(야마오카 요이치 역)이 나온 김에 모든 인용문을 새 번역으로 바꾸었다. 새 번역이 이전 번역(시오지리 고메이·기무라 다케야스 역)보다 읽기 편하다.

판을 새로이 하면서, 오자를 정정하고 다소 읽기 어려운 대목의 자구를 수정했다.

고분샤 문고편집부의 고바야시 겐 씨가 책을 만드느라 애를 많이 썼다. 고마운 마음을 전한다.

2007년 2월 14일

하세가와 히로시

출전 일람*

- 『幸福論』 アラン

  串田孫一·中村雄二郎譯 白水社

  神谷幹夫譯 巖波文庫

  白井健三郎譯 集英社文庫

  宗 左近譯 社會思想社 現代教養文庫

  石川湧譯 角川文庫

- 『リア王』 W. シェイクスピア

  小田島雄志譯 白水社 白水Uブックス

  安西徹雄譯 光文社古典新譯文庫

  福田恒存譯 ちくま文庫

  大山俊一譯 新潮文庫

  齋藤勇譯 巖波文庫, 野島秀勝譯 巖波文庫

  松岡和子譯 ちくま文庫

---

* 저자가 명저 15권을 다루며 각각 기본 텍스트로 삼은 책이 맨 위에, 그리고 그 아래에는 비교적 입수하기 쉬운 일본어 역본들이 소개되어 있다. 한자의 일본식 약자는 모두 정자로 바꾸어 표기했다.

大山俊一譯 旺文社文庫

- 『方法序説』デカルト
  野田又夫譯 筑摩書房 世界文學大系13
  谷川多佳子譯 巖波文庫, 落合太郎譯 巖波文庫
  野田又夫譯 中公文庫
  小場瀬卓三譯 角川文庫
  桝田啓三郎・小場瀬卓三譯 河出書房 世界の大思想7

- 『饗宴』プラトン
  鈴木照雄譯 田中美知太郎責任編集 中央公論社 世界の名著6
  久保勉譯 巖波文庫, 山本光雄譯 角川文庫

- 『論語』
  貝塚茂樹編譯 中央公論社 世界の名著3
  金谷治譯注 巖波文庫, 宮崎市定 巖波現代文庫
  貝塚茂樹譯注 中公文庫
  吉川幸次郎 朝日新聞社

- 『プロテスタンティズムの倫理と資本主義の精神』マックス・ヴェーバー
  阿部行藏譯 河出書房新社 世界の大思想29
  大塚久雄譯 巖波文庫
  安藤英治編纂 有斐閣新書

- 『社會契約論』ルソー
  桑原武夫・前川貞次郎譯 巖波文庫

平岡昇・根岸國孝譯　角川文庫

井上幸治譯　中公文庫

作田啓一・原好男譯　白水社

• 『自由論』J. S. ミル

山岡洋一譯　光文社古典新譯文庫

鹽尻公明・木村健康譯　巖波文庫

金勝久譯　開文社

• 『死の家の記録』ドストエフスキー

工藤精一郎譯　新潮文庫

小沼文彦譯　筑摩書房　ドストエフスキー全集4

中村白葉譯　巖波文庫

• 『告白』アウグスティヌス

山田晶譯　中央公論社 世界の名著14

服部英次郎譯　巖波文庫

宮谷宣史譯　教文館 アウグスティヌス著作集5

• 『パンセ』パスカル

前田陽一・由木康譯　中央公論社 世界の名著24

前田陽一・由木康譯　中央文庫

田邊保譯　有斐閣新書

• 『キリスト教の本質』フォイエルバッハ

船山信一譯　福村出版

船山信一譯　巖波文庫

- 『惡の華』ボードレール
  阿部良雄譯　筑摩書房　ボードレール全集1
  阿部良雄譯　ちくま文庫　ボードレール詩集1
  堀口大學譯　新潮文庫

- 『色彩について』ウィトゲンシュタイン
  中村昇・瀨嶋貞德譯　新書館

- 『眼と精神』M・メルロ=ポンティ
  瀧浦靜雄・木田元譯　みすず書房

역자의 말

저자 하세가와 히로시는 학계와 절연하고, 집에서 책 읽고 시민들과 함께 공부하며, 명징한 일본어로 헤겔을 번역한 것으로 유명한 사람이다. 아래의 1에서는 시민들과 어떻게 공부하는지, 헤겔을 어떤 방침에 따라 번역하는지를 엿볼 수 있는 저자의 글을 소개하고, 2에서는 이 책에서 다루는 명저(15권)의 인용문을 일본어에서 중역한 과정을 적어두기로 한다.

1. 헤겔 독회와 헤겔 번역

저자가 인터넷에 헤겔 독회 새 회원을 모집하며 올린 글은 이렇다.

"헤겔 독회'는 참석자들이 조금씩 바뀌기는 했지만, 20년 이상 헤겔을 독일어 원서로 읽어왔습니다. 격주로 목요일 밤, 10명 안팎의 회원이 모여 무엇을 해왔느냐 하면, 주된 활동내용은 아래 세 가지라 말할 수 있겠습니다.

1. 헤겔을 독일어로 한 줄 한 줄 찬찬히 읽는다.
2. 헤겔 사상에 비추어 현대의 문제를 생각하고, 거꾸로 또 현시점에서 19세기 전반의 헤겔 사상을 다시 파악한다.
3. 헤겔을 읽는다는 공동 작업을 토대로 삼으면서, 회원 개개인의 사물을 보는 방법과 사고방식을 서로 점검한다.

출석자 전원에게 독일어 원문을 반 페이지에서 한 페이지씩 번역해오는 과제를 줍니다. 독일어에 익숙한 사람은 자기가 맡은 것 이외의 부분도 번역해옵니다.

발표를 맡은 사람이 먼저 독일어로 음독하고, 이어서 일본어로 번역하고, 번역의 좋고나쁨을 모두 검토합니다. 난해한 대목에 대해서는 각자 자기의 독법을 제안합니다. 한 사람이 맡은 분량의 번역이 끝나면, 거기에서 헤겔이 말하려 한 것에 대해 각자 자유롭게 의문·이견·반론을 냅니다. 그런 식으로 독회가 진행됩니다. 한 번에 읽는 양은 대체로 여섯 페이지(주어캄프 판)입니다만, 토론을 거듭하며 여섯 페이지를 읽으려면 두 시간 반으로는 충분치 않기 때문에, 끝날 즈음에는 서둘러 진행되는 일이 흔합니다.

독회를 마치고, 근처 술집에서 먹고 마시면서 잡담을 나누는데, 편안한 술자리에서 환담을 나누다보면 각자의 생활의식이나 사람됨이 드러나, 이 또한 즐겁습니다.

『정신현상학』을 다 읽고, 『법철학강의』를 읽기 시작하기에 앞서 인터넷을 통해 새 회원을 모집하게 되었습니다. 헤겔을 독일어로 읽고, 헤겔에 대해 폭넓게 다면적으로 생각하고 싶은 분들의 참가를 바랍니다."*

다음은 저자의 헤겔 번역 방침을 보여주는 글 몇 대목이다.

"번역은 평명平明하고 뜻을 잘 전달하는 데 주안점을 두었다. 무엇보다 번역문이 독일어 원문에서 독립하여, 일본어로 무리없이 읽히도록 신경을 썼다.

이런 당연한 마음가짐을 굳이 말하는 이유는, 일본의 철학계통 번역서 대부분이 아직도 원문에 질질 끌려다니는 경우가 많아, 읽기에 매우 생경하고 부자연스럽기 때문이다. 일본어 문장을 몇 번이고 되풀이해서 읽어도 납득하고 이해할 수 없다. 하는 수 없이 독일어 단어로 바꾸어본다. 혹은 독일어 문맥을 따져본다. 결국은 원서를 꺼내어 대조한다. ─그런 번거로운 절차를 요구하는 번역이 적지 않다. 그런 번역이 철학을 까

---

* http://www33.ocn.ne.jp/~hegellesen/page003.html

다룹고 어려운 것으로 만드는 원인의 하나라고 나는 생각한다.

　두루 퍼져 있는 그러한 번역철학서의 폐단을 피하기 위해, 독일어를 염두에 두지 않고 일본어로 읽어서 헤겔이 말하려는 내용을 이해할 수 있게 번역하려 했다. 헤겔이 그려내는 사상의 드라마를 일본어를 통해서 즐겼으면 한다. 그것이 역자로서 가장 바라는 점이다.

　관례가 되어 있는 번역어 가운데, 일본어로 생경하고 익숙지 않으며, 전문가 이외에는 의미를 떠올리기 어려운 말(예컨대 '표상' '규정' '조정措定' '사변' '사념私念' '오성' '경향성' '인륜' '즉자' '대자' 따위)을 군이 사용하지 않았고, 또한 독일어 한 단어에 일본어 한 단어를 대응시키지 않고 문맥에 따라 적절하게 번역한 것도 역자의 노림을 실현하기 위한 방법이었다."
(『철학사강의』 역자 머리말)

　"번역어는 이른바 철학전문용어를 될 수 있는 한 쓰지 않았다. 예를 들어, 원서에 자주 나오는 Sittlichkeit는 보통 '인륜人倫'으로 번역하지만, 이 책에서는 그 번역어를 취하지 않고, 문맥에 따라 '공동체' '공동정신' '공동윤리' '공동감정' '사회성' '도덕적' 등으로 번역했다." (『역사철학강의』 범례-5)

　"번역어는, 역자의 이전 헤겔 번역서와 마찬가지로, 철학전문용어는 될 수 있는 한 쓰지 않았다. 또한 원어原語와 번역어를 일대일로 대응시키려 애쓰지 않았다. 예를 들어, 'Substanz'를 일관되게 '실체實體'라고 번역하면 일본어로 문장이 잘 되지 않는다. 이 책에서는 문맥에 따라 '실체' '본체' '신' '공동체' '질서' '시대정신' '본령' '토대' '지구' '자연' 등 다

종다양하게 번역했다." (『정신현상학』 역자 후기)

"언제나 그랬듯이, 철학전문용어는 될 수 있는 한 쓰지 않았고, 원어와 번역어를 일대일로 대응시키려 애쓰지 않았다. 책 제목에 나오는 '법'은 원어로는 'Recht'인데, 이것을 '법'이라는 단어로만 번역해서는 도저히 읽기 쉬운 일본어 문장을 만들 자신이 없었다. '정의' '사회정의' '올바름' '정당성' '당연當然' '권리' '법' 등등, 경우에 따라 다양하게 번역했다." (『법철학강의』 역자 후기)

"읽기 쉽고 알기 쉽게 번역하는 일은 역시 쉽지 않았다. 보통 '오성悟性'으로 번역하는 'Verstand'를 예로 들어보자. 널리 지적인 활동을 보여주는 말로 사용될 때는 '오성'보다 일본어로 더 친숙한 '지성'이라는 단어로 번역했지만, 'Verstand'와 'Vernuft'가 대비되어 사용되는 대목에서는 '지성'과 '이성'으로 번역할 수는 없어서, '분석적 사고'로 번역하여 종합적·체계적 '이성'과 확실히 구별되게 했다. 좀더 가벼운 의미로 사용될 때는 '이해한다' '안다'고 번역했다.(덧붙이자면, 현재 번역하고 있는 『정신현상학』에서는 힘과 법칙을 인식대상으로 삼는 'Verstand'를 '과학적 사고'라 번역했다.) 이렇게 번역하다보면, 헤겔이 'Verstand'라는 독일어를 얼마만한 두께를 가지고 사용하고 있는지는 알 수 없게 되지만, 일본어에 'Verstand'와 크게 겹치는 단어가 없는 이상, 일대일 대응을 무리하게 추구하지 않는 편이 낫다는 것이 이런저런 시도 끝에 내가 내린 결론이었다." (번역 『철학사강의』 성립사정)*

2. 중역

한형조 교수는 중역에 대해 이런 말을 한 적이 있다.

"서양의 문물을 서구로부터 직접 수입하게 되면서 일본의 매개가 퇴
조했다고 생각하기 쉽지만 실상은 그렇지 않았다. 서구의 저작들은 최
근까지, 아니 지금도 일본의 중역重譯을 마다하지 않고 있다. 번역의 수고
가 컸을 텐데도 서문이나 역자 후기가 없거나, 있더라도 남의 일처럼 말
하고 있거나, 새삼 내용을 동취서초하고 있다면 거의 중역이라고 보면
틀림없다. 본문을 들추어볼 때, 번역이 딱딱하고 단조로우며, 고유명사
의 표기가 어색하고, 잘 쓰지 않는 한자어들이 눈에 뜨인다면 그런 책들
도 중역일 공산이 크다. 물론, 일본어 중역이 어설프게 직접 번역한 것보
다 나은 경우도 있다. 그렇지만, 그 폐해 또한 적지 않다. 우리가 일본의
매개를 통해 학문을 했고, 그 영향 또한 막강하나, 일본의 문체와 글쓰
기는 우리의 것과 엄연히 다르고 또 지금은 더욱 낡은 것이 되었다. 서
구의 저작들을 다시 번역해야 하는 이유도 여기에 있다."**

'딱딱하고 단조로우며, 고유명사의 표기가 어색하고, 잘 쓰지 않는 한자

---

* http://www33.ocn.ne.jp/~hegellesen/page047.html

** 한형조, 「동양철학은 왜 이리 어려운가?」, 『왜 조선 유학인가』, 문학동네, 2008,
164쪽 주-3.

어들'이 등장하는 번역을 피하기 위해 각각의 기존 국역본을 참고했다. 번역하는 데 어떻게 도움을 받았는지 한두 가지 사례를 적어둔다. 우선『리어 왕』.

"리이건 노망 때문일 거야. 원래 자신에 관해서는 잘 모르시는 분이잖아.

거너릴 마음이 가장 온전했을 때도 성질이 불 같으셨는데, 이젠 겹치고 덮쳐 나이 드시고 오랜 세월에 고질이 된 성미에 노망까지 부리시니 정말 걷잡을 수 없을 거야. 언제 어떻게 당할지 몰라." (신정옥 옮김, 전예원, 1991, 33~34쪽)

"리건 노망이지 뭐. 하지만 아버지는 항상 희박하게만 자기 자신을 알았지.

고네릴 가장 시절 좋고 제정신이던 때도 성질이 충동적이셨지. 그러니 그분 나이 때문에 받을 수밖에 없을 게야. 오래 접목된 습관의 불완전함뿐 아니라, 노쇠하고 성마른 세월이 유발하는 다루기 힘든 제멋대로 똥고집까지 덧붙여서 말야." (김정환, 아침이슬, 2008, 22쪽)

"리건 노망이 난 거지. 원래부터 당신 자신에 관해서는 전혀 모르는 양반이긴 했지만.

고네릴 한창 건강하고 정신이 온전했을 때도 분별이 없었는데, 앞으로 어떻게 될 거 같니? 오랫동안 몸에 밴 성깔에다 망령 나서 짜증 부릴 나이신데, 무슨 똥고집에 당할지 알 게 뭐니." (조영렬, 28쪽)

고유명사 표기는 김정환본을 따랐고, 번역어를 고르는 데 두 번역본을 모두 참고했다. 다음으로 『자유론』.

"즉 나는 그리스도의 말속에는 진리의 일부밖에 포함되어 있지 않고, 사실 그 일부만을 포함시키려 했다고 믿는다. 또 최고 도덕의 근본 요소는 그 대부분이, 기독교 창시자의 설교 기록에는 제시되어 있지 않았고, 또는 제시하려고도 하지 않았다고 믿으며, 따라서 그런 것은 그리스도의 설교를 기초로 하여 기독교 교회가 수립한 윤리 체계에서는 완전히 배제되어왔다고 믿는다. 따라서 기독교 교의 중에서 우리를 지도할 완전한 규칙을 발견하고자 고집함은 중대한 잘못이라고 나는 생각한다. …… 지금까지 기독교 윤리와 상호보완적으로 공존관계—즉 그 정신의 일부를 받아들이고, 그 속에 자기들 정신의 일부를 주입해온—에 있었던 세속적 기준(더욱 적합한 말을 찾을 수 없어 이렇게 부르기로 한다)을 포기함으로써, 저급하고 비열하기 짝이 없는 노예적 성격이 결과로 나타날 것이고, 또한 지금 결과로 나타난다는 점이다. 그러한 성격을 가진 사람들은 비록 그 자체가 최고의지라고 간주하는 것에 복종할 수는 있어도, 최고선의 관념에 이르거나, 그것에 공감할 수는 없다. 나는 오로지 기독교적 원천에서만 발전될 수 있는 윤리가 아닌 다른 종류의 윤리와 기독교

윤리가 병존하지 않으면 인류의 도덕적 부활을 이룰 수 없다고 믿는다."
(박홍규 옮김, 문예출판사, 2009, 116~117쪽)

"예수의 말은 진리 가운데 일부에 불과하고, 일부만을 포함시키려 했으며, 또한 최고 수준의 도덕에 꼭 있어야 할 다양한 요소가 기독교를 창시한 이의 언어로서 기록된 것에는 제시되어 있지 않고, 제시하려고도 하지 않았으며, 예수의 말을 바탕으로 기독교 교회가 구축한 도덕체계에서는 그러한 요소가 완전히 무시되었다고 확신한다. 그러므로 예수의 가르침에서 인간의 행동을 인도할 완전한 규범을 읽어내려고 고집하는 것은 큰 잘못이라 생각한다. ……세속적 규범은(적절한 말이 없어서 이렇게 부르지만) 지금까지 기독교 도덕과 아울러 존재하며, 부족한 부분을 보충하고, 기독교 정신에서 배움과 동시에 기독교 정신에 영향을 주어왔다. 세속적 규범을 모두 무시하고 종교적 규범에만 의거하여 마음과 머리를 단련하려고 하면, 무기력하고 비굴한 노예적 성격이 되어, 최고의지라고 여기는 것에 대해서는 무조건 따르려 하지만, 최고선의 개념에 관해서는 이해도 공감도 할 수 없는 인간이 될 것이며, 현재 그렇게 되고 있다. 기독교를 유일한 원천으로 삼을 때 발전시킬 수 있는 것과는 다른 도덕을 기독교 도덕과 함께 중시하지 않는다면, 인류의 도덕을 되살릴 수 없다." (조영렬, 128~129쪽)

인용문의 처음 네 줄을 일어판에서 축자역에 가깝게 번역하면 이렇게 된다. '예수의 언어는 진리 가운데 일부에 불과하고, 그러한 것으로서 의도意圖되어 있고, 또한 최고 수준의 도덕에 불가결한 다양한 요소는, 기독교의 창시자의 말로서 기록되어 있는 것에서는 제시되어 있지 않으며, 제시하는 것을 의도되어 있지 않고, 기독교 교회가 이들 언어에 기초하여 구축한 도덕체계에서는, 전혀 무시되어 있다고. 이상과 같이 확신하고 있기 때문에⋯⋯'. '의도되어 있'다는 표현을 박홍규본을 참고하여 '~하려 했다'로 바꾸었고, '이상과 같이 확신하고 있다'는 표현도 절마다 '믿는다'는 말을 붙여 번역했다. 또한 일어판 뒷부분에 나오는 '지고至高의 의사意思'와 '지고至高의 선' 같은 단어도 박홍규본을 참고하여 '최고의 지'와 '최고선'으로 번역했다.

당연한 말이겠지만, 한국어판과 일어판 번역문의 의미 자체가 달라 보일 때는 일어판을 따랐다. 『죽음의 집의 기록』의 아래 인용문에서 윗점 찍은 문장의 경우.

"포악함은 습관이 된다. 이것은 차차 발전하여 마침내는 병이 된다. 나는 아무리 훌륭한 인간이라 해도 이러한 타성 때문에 짐승처럼 우매해지고 광폭해질 수 있다고 생각한다. 모름지기 피와 권세는 인간을 눈멀게 하는 법이다. 거만과 방종이 심해지고 급기야는 받아들이기 어려운 비정상적인 현상도 달콤하게 받아들이게 되는 것이다. 폭군 앞에서 인권과 시민권은 박탈되고, 인간으로서의 가치 회복과 소생의 가능성은 거의 사라지고 만다. ⋯⋯한마디로 말해서, 타인을 때릴 수 있는 권력을 가질 수 있다는 것은 사회적 비리의 하나이며, 사회에 내재하는 모든 문명적인 싹과 모든 시도들을 제거하는 가장 강력한 수단이며, 사회 붕괴의 필연적이며 돌이킬 수 없는 완전한 근거인 것이다."(이덕형 옮김, 열린책들, 2000, 377~378쪽)

　"포악함은 습관이다. 그것은 차츰차츰 자라나, 마침내는 병이 된다. 나는 아무리 훌륭한 인간이라도 습관에 물들어 무디어지면, 야수 못지않게 포악해질 수 있다는 사실을 말하고 싶다. 피와 권력은 인간을 취하게 만든다. 점점 난폭해지고, 점점 타락한다. 마침내 지성과 감성이 가장 받아들이기 어려운 이상한 현상마저 기꺼이 받아들이게 된다. 포악한 인간의 내부에 있던 개인과 사회인은 영원히 사라지고, 인간의 존엄을 회복하고 참회를 통해 속죄하고 부활할 가능성은 거의 없어진다. ……간단히 말하자면, 다른 인간에게 체형을 가할 권리를 어떤 인간에게 주는 것은 사회악의 하나이고, 사회가 그 내부에 품은 모든 문명의 싹과 가능성을 뿌리째 뽑아버릴 가장 강력한 수단의 하나이며, 사회를 절대로 피할 수 없는 붕괴로 이끌 완전한 요인要因이다."(조영렬, 141쪽)

2014년 3월
조영렬

지금 당장 읽고 싶은 철학의 명저

초판 1쇄 인쇄 2014년 5월 1일
초판 1쇄 발행 2014년 5월 8일

지은이 하세가와 히로시 | 옮긴이 조영렬 | 펴낸이 강병선 | 편집인 신정민
기획·편집 최연희 | 디자인 윤종윤 이주영 | 저작권 한문숙 박혜연 김지영
마케팅 방미연 최향모 김은지 유재경 | 온라인마케팅 김희숙 김상만 한수진 이천희
제작 강신은 김동욱 임현식 | 제작처 영신사

펴낸곳 (주)문학동네
출판등록 1993년 10월 22일 제406-2003-000045호
임프린트 교유서가

주소 413-120 경기도 파주시 회동길 210
문의전화 031) 955-8889(마케팅), 031) 955-2692(편집)
팩스 031) 955-8855
전자우편 gyoyuseoga@naver.com

ISBN 978-89-546-2448-0 03100

www.munhak.com